DUMONT
*DIREKT*

# Kroatische Küste
## Dalmatien

Daniela Schetar

# Inhalt

# Das Beste zu Beginn

## Kunst trifft Insel
Lopud ist meine Lieblingsinsel. Ein unaufgeregtes, grünes Eiland, in einer halben Stunde zu Fuß zu durchqueren, mit nur einem einzigen Ort, dessen goldene Ära schon lange zurückliegt. Und mitten in diesem Idyll steht eine futuristische Kunstinstallation von Olafur Eliasson und David Adjaye, die mit dem Thema Licht spielt. Faszinierend!

## Ein typisches Motiv
… das Sehnsucht in mir weckt, ist der Strand unterhalb des Arboretum Trsteno: eine von glasklarem Meer umspülte Felsbucht und davor die Silhouetten der Elafitischen Insel. Hören Sie das Zirpen der Zikaden und Plätschern des Meeres?

## Fischhallen
Ich mag den Geruch von rohem Fisch nicht. Aber wenn ich in der Fischhalle von Split, für mich die tollste, stehe, fasziniert mich das Potpourri aus glitzernden Fischleibern, rotblauen Krakenarmen, die Kakofonie aus Lastenträgerrufen, Kundinnengekeife, Händlergefeilsche und Radiogeplärr so, dass der Geruch überhaupt keine Rolle spielt.

## Was langsam nervt
… sind die *klapa*-Chöre, die überall für ›stimmungsvolle‹ Untermalung sorgen. Leute, ich mag singende Männer mit südlichem Schmelz in der Stimme, aber doch nicht ständig! Erstens höre ich beim Essen auch mal gerne das Rauschen der Wellen, und zweitens – nicht alle *klapa*-Sänger sind vom Schlag eines Enrico Caruso oder Luciano Pavarotti!

## Mein jüngstes Fundstück …
… habe ich: gekauft, in einem witzigen Laden in Dubrovnik. Ich bin nämlich eine Ohrringsammlerin, und den Village Hoop Earrings von Michal Negrin konnte ich einfach nicht widerstehen. In München würde ich nie in einen solchen ›Kitsch‹-Laden gehen, aber unterwegs, bei Sonnenschein, in einer so beschwingten Stadtkulisse hat er mich unwiderstehlich angezogen.

### Vielfalt im Simplen

Abendessen, Blick in die Karte, Vorspeisen: dalmatinischer Aufschnitt. Nächster Abend: Aufschnitt. Tags drauf: Aufschnitt.
Kennen die nichts anderes? Nicht so hastig, probieren Sie doch
erst einmal! Jeder Schinken, *pršut,* schmeckt anders (kommt ja
von verschiedenen Erzeugern), jeder Käse *(sir)* hat seinen besonderen Gout (die Kräuterweide macht's!). Was zunächst ein-
tönig wirkt, entpuppt sich als facettenreiches Genusserlebnis!

### Zadar reloaded

Lange war es das Aschenputtel unter den Küstenstädten: schwer bombardiert, hohe Arbeits-
losigkeit. Und malerische Altstadt? Von wegen!
Aber: tolle Museen und Kirchen. Und Nikola
Bašić. Der Architekt hat bei seinen Landsleuten
eine Zadar-Renaissance ausgelöst, mit Mitteln
der Postmoderne. Seine Installationen haben die
Stadt völlig verwandelt, die Menschen geöffnet.
Nun plant er Marinas, Luxushotels … Aber irgendwann ist es genug!

### Kroatien in Film und Buch

Visuelle Kroatien-Klassiker sind die nach Karl Mays Romanen
entstandenen Winnetou-Filme aus den 1960er-Jahren: Dalmatiens Landschaften kommen darin zu höchsten Ehren. Auch die
Fantasy-Serie »Game of Thrones« entstand u. a. in Dalmatien.
Eine literarische Annäherung bietet »Dalmatien erlesen« aus
dem Klagenfurter Wieser Verlag.

Mir als gebürtiger Jugoslawin liegt die Liebe zu
Dalmatien im Blut. Außerdem kann ich dort einer
großen Leidenschaft frönen, dem Schifffahren.
Wo Sie mich am besten treffen? Auf einer Jadro-
linija-Fähre natürlich!

## Fragen? Erfahrungen? Ideen?

Ich freue mich auf Post.

*Mein Postfach bei DuMont:*
*schetar@dumontreise.de*

# Das ist Dalmatien

Die dalmatinische Küste gehört für mich zu den schönsten Küstenstrichen Europas, ja, an manchen Stellen besitzt sie sogar karibische Qualitäten. Das Besondere an ihr: Festland und Inseln, Meeresarme und offene See sind ineinander verschlungen, ihre Grenzen kaum auszumachen. Dieses Labyrinth mit dem Boot immer wieder neu zu entdecken, ist ein unvergessliches Erlebnis. Als wollten Architektur und Kunst es mit der Schönheit der Landschaft aufnehmen, haben die berühmtesten Baumeister der Renaissance in den Städten steinerne Zeugnisse ihrer Genialität hinterlassen. Und dann ist da noch das ganz alltägliche Dalmatien mit alten Kapitänshäusern am Hafenrund, Marktfrauen hinter bunten Stapeln von Obst, *picigin*-Spielern am Strand und den hübschesten Mädchen beim abendlichen *korzo* – die Dalmatinerinnen, so heißt es, sind die schönsten Frauen der Welt.

## Über Berg und Tal – oder von Insel zu Insel

Die Vorstellung, per Schiff von Bergspitze zu Bergspitze unterwegs zu sein (beispielsweise auf dem Weg von Brač nach Hvar), finde ich irgendwie total schräg. Aber es ist so: Die dalmatinischen Inseln sind die Fortsetzung des Küstengebirges nach Westen. Am Ende der letzten Eiszeit flutete der Anstieg des Meeres die Gebirgstäler; nur die höchsten Gipfel ragen nun als Eilande aus dem Wasser. Überhaupt neigen dalmatinische Landschaften dazu, ihre tatsächliche Natur zu verschleiern: Nehmen Sie das Velebitgebirge: Nahezu parallel zur Küste wirkt es als Barriere zum kroatischen Binnenland. Zur Adria hin präsentiert es weitgehend karge, nur von Macchia bewachsene Hänge, während auf der anderen Seite üppige Wälder gedeihen. Auch die Inseln spielen gern Verstecken, wie Pag: eine geradezu dramatische Wüstenei, betrachtet man es von der Küste. Und dahinter? Leben die Bauern von Oliven und Wein.

## Grüß Gott

*Bog* – dieses Wort werden Sie oft hören in Dalmatien: Eigentlich heißt *bog* ja ›Gott‹, in Kroatien zugleich aber auch ›Hallo‹, ›Tschüss‹. Als saloppe Begrüßung hat es dem italienischen ›Ciao‹ den Rang abgelaufen. Fremde begrüßen die polyglotten Kroaten gerne in der jeweiligen Landessprache und gehen meist schnell zum vertraulichen Du über. Eine andere, beliebte Form der Anrede ist es, das Sie mit dem Vornamen zu verbinden. Herr Ivo und Frau Jadranka können so einerseits vertraut, andererseits aber mit der gebotenen Höflichkeit miteinander sprechen.

## Geht das mit rechten Dingen zu?

Wer soll denn bitte in all den Luxushotels wohnen, die wie Pilze aus dem Boden schießen? Dass fast nur Häuser ab vier Sternen aufwärts entstehen, legt den Verdacht nahe, dass sehr Reiche – ohne Rücksicht auf Ökologie und Natur – Abschreibungsobjekte in die Landschaft stellen. Und wer genehmigt es? Was bekommt wer als Gegenleistung? Immerhin waren Kroatiens Filz und Korruption lange ein Hindernis für den EU-Beitritt. Und

*Lässig und locker relaxen – Altstadt von Zadar besichtigt und nun durchatmen mit Blick auf die Neustadt*

dieses Problem treibt den EU-Funktionären auch heute noch Schweißperlen auf die Stirn. Andererseits, wer im Glashaus sitzt … In Kroatien hat die Polizei Ex-Präsident Ivo Sanader wegen Korruption im Amt verhaftet; in Regensburg traf es den regierenden Oberbürgermeister Joachim Wolbergs.

## Hajduk Split und seine Fans

Jeder Fußballclub hat Ultras unter seinen Fans, das ist auch in Kroatien nicht anders. Etwas problematischer verhält es sich allerdings mit den Anhängern von Hajduk Split, der 1950 gegründeten und damit ältesten europäischen Ultra-Gruppierung Torcida. Neben dem üblichen Brimborium mit Bengalos und Schlägereien werfen sich die rund 8000 Mitglieder auch gerne neo-national in Pose, etwa in T-Shirts mit der Aufschrift »Hajduk Jugend« (natürlich in Frakturschrift). Sie werden dem inoffiziellen Logo der Torcida häufig an Hauswänden begegnen, einem aufgesprühten, vermummten Lockenkopf mit Sonnenbrille. Es stellt den 2016 bei einem Fallschirmsprung umgekommenen Torcida-Chef Žan Ojdanić dar und signalisiert weit mehr als nur die Anhängerschaft für Hajduk Split.

## Kieselsteine und Fels

Die müssen Sie mögen, wenn Sie in Dalmatien beachen möchten. Denn Sandstrände sind eine absolute Seltenheit. Folglich sollte man beim Strandausflug Badeschuhe tragen. Oder aber Sie machen es wie die Einheimischen: Die balancieren barfuß über den Kieselsteinparcours soweit ins Meer, bis es zu den Knien reicht. Dann legen sie sich auf den Rücken und lassen sich in tieferes Wasser treiben. Zugegeben, sieht ziemlich unelegant aus, wenn man schwankend und mit den Armen fuchtelnd aufs Wasser zuwankt. Aber Sie sind in bester Gesellschaft!

# Dalmatien in Zahlen

## 1
Wasserfall in Kroatien wurde vom New Yorker Reisemagazin Travel + Leisure unter die 25 faszinierendsten der Welt gewählt: Veliki slap.

## 6
der zehn kroatischen Welterbestätten der UNESCO befinden sich in Dalmatien.

## 30
m lang ist der Fluss Ombla, der Dubrovnik mit Trinkwasser versorgt. Er gilt als einer der kürzesten Flüsse Europas.

## 89
Inseln und Riffe der Kornaten bilden die dichteste Inselgruppe des Mittelmeers.

## 101
Dalmatiner machten die kroatische Hunderasse durch den Disneyklassiker weltberühmt.

## 330
km Luftlinie misst die Küste Dalmatiens. Fahren Sie entlang aller Buchten, wird es das Doppelte.

## 600
Granaten feuerten jugoslawische Truppen am 6. Dezember 1991 auf die belagerte Altstadt von Dubrovnik ab.

## 605
Jahre ist es bereits her: Als erster Stadtstaat Europas schaffte Dubrovnik 1416 die Sklaverei ab.

## 942
Inseln wurden vor der dalmatinischen Küste gezählt. Darunter fallen allerdings auch Klippen und Mini-Eilande.

## 1100
€ brutto verdient ein kroatischer Arbeitnehmer im Durchschnitt, Handwerker oder Fabrikarbeiter oft nur 600 €.

**1200**

Liegeplätze zu Wasser stellt die größte Marina Dalmatiens, die Marina Dalmacija, Nautikern zur Verfügung.

**2724**

Sonnenstunden im Jahr verzeichnet die Insel Hvar. Ob das wohl jemand überprüft hat?

**4300**

m misst die ›Lange Insel‹, Dugi otok, von Nord nach Süd – aber:

**5825**

m misst die Insel Pag und ist damit die längste Insel Dalmatiens.

**860 000**

Bewohner hat Dalmatien und ist damit dünner besiedelt als der Durchschnitt Kroatiens.

**4 000 000**

Touristen besuchten Dalmatien im Corona-Jahr 2020, etwa die Hälfte des Jahres 2019.

**60**

m² misst Sv. Križ in Nin und gilt damit als kleinste Kathedrale der Welt.

# So schmeckt Dalmatien

Um es vorauszuschicken: Dalmatien ist nicht Čevapčići Country an der Šlijovica-See. Die gegrillten Hackfleischwürstchen sind typisch für Bosnien, der Zwetschgenschnaps wird zwar auch in Kroatien getrunken, besitzt aber eigentlich eine serbische Tradition. Die Küche Dalmatiens hat mehr zu bieten: deftig Bäuerliches und mediterrane, von Fisch dominierte Kost – und guten Wein.

## Es lebe die Marenda

Der Tag fängt karg an: Ein kleiner schwarzer Kaffee und dazu bestenfalls ein Stück süßes Gebäck. Deshalb hat der liebe Gott den Dalmatinern die *marenda* geschenkt, eine Mahlzeit – irgendwo zwischen Frühstück und Mittagessen – zu der sich um 11 Uhr herum Firmenbelegschaften, Freundesgruppen, Frauenzirkel aufmachen. Merke: Eine *marenda* stillt nicht nur den Hunger nach Kalorien, sondern auch nach sozialen Kontakten. Der richtige Ort für eine *marenda* ist eine einfache *konoba* oder Taverne. Was es gibt, steht häufig auf der Schiefertafel vor dem Lokal; meist sind es *tripe* (Kutteln), *pašta fažol* (Bohnensuppe mit Nudeln), *ma-nistra usuvoo* (eine Art Spaghetti Bolognese) oder gegrillte Sardinen, und zwar zu einem besonders günstigen Preis. Dazu bestellt man – man will danach ja noch arbeiten – eine *bevanda*, Rotwein mit Wasser gemischt. Es lohnt sich, die *marenda* einmal auszuprobieren.

## Wenn Fischers Fritze fischt

Urlaub am Meer, das verheißt frischen Fisch und frische Meeresfrüchte – oder? Nicht täuschen lassen – in vielen Restaurants hat der Koch den ›Fang des Tages‹ am Morgen aus dem Tiefkühlschlaf geschreckt. Womöglich stammt er gar nicht aus der Adria – oder ›bestenfalls‹ aus einer adriatischen Aquakultur (z. B. Wolfsbarsch,

### TANTE NADAS REZEPT

Für Nadas *pašta fažol* könnte ich 1000 km von München nach Zadar fahren. Dafür braucht sie:
500 g trockene Bohnen
1 Zwiebel
3 kleine Karotten
2 Lorbeerblätter
Olivenöl
etwas Tomatenmark
Nudeln
Salz und Pfeffer
100 g Speck
4–5 Knoblauchzehen
Petersilie
Bohnen über Nacht einweichen.

Zwiebel und Karotten würfeln, Lorbeer zerbröseln und leicht andünsten, Bohnen hinzugeben, mit kaltem Wasser aufgießen und kochen lassen. In der Zwischenzeit Speck, Knoblauch und Petersilie im Mixer kleinhacken, bis eine sämige Masse entsteht. Sobald die Bohnen halb gar sind die Speck-Knoblauchmasse sowie einen Teelöffel Tomatenmark hinzufügen, salzen, pfeffern und weiterkochen bis die Bohnen gar sind. Nudeln (möglichst kleine) getrennt kochen und hinzufügen. Nach Geschmack mit scharfer Wursteinlage servieren.

## GLUT, OLIVENÖL, KRÄUTER

**Fleisch:** Am Grillen oder gar Braten über offenem Feuer haben die Dalmatiner große Freude. Vor allem an den Wochenenden drehen sich vor den Restaurants Spanferkel *(odojak)* oder Lämmer *(janjetina)* am Spieß und Familien rücken dann in Kompaniestärke zum Mittagessen im Lieblingsrestaurant aus.

**Izpod peke:** Etwas raffinierter ist die Zubereitung *izpod peke,* unter der Peka. Dazu wird benötigt: ein traditioneller, offener Herd mit reichlich Glut, eine große Pfanne mit eisernem Deckel, Tintenfisch, Lamm oder ein anderes Fleisch, das man lange garen kann, Kartoffeln, Olivenöl – und jede Menge frische Kräuter. Fleisch und Beilagen hineingeschichtet, Deckel drauf, in die Glut gestellt und mit glühenden Kohlen und Asche zugedeckt. Vier Stunden später ist das Gericht fertig und ein geradezu überirdischer Genuss.

**Doch lieber Fisch?** Angenommen, es gibt ihn, den ›Fang des Tages‹: Er besteht oft aus ›Fisch 2. Klasse‹ (Seehecht, Makrele), also nicht aus Edelfischen (wie Dorade und Drachenkopf), und ist deshalb deutlich günstiger. Wie sollte er zubereitet sein?

**Na gradele** … heißt das Zauberwort, also reichlich mit feinem Olivenöl bepinselt, mit Rosmarin bepudert und auf Rebenholz gegrillt. Vor dem Servieren wird der Fisch mit Knoblauch, Petersilie, Salz und Pfeffer gewürzt. Es gibt nichts Besseres!

Dorade)! Woran also merken, was Koch und Kellner auftischen? Ein in mehreren Sprachen gedrucktes Menü mit Fischprogramm von Goldbrasse bis Seezunge, das tatsächlich so auch vorrätig ist, spricht schon sehr für Tiefkühlkost. Doch in einem gehobenen Lokal oder einer ehrlichen *konoba,* deren Wirt mit Fischern den Kontakt pflegt, werden Sie sicher fündig.

**Dalmatinische Weine**
Die dalmatinischen Winzer produzieren exzellente Weine, kein Vergleich zu dem, was früher ein jugoslawischer Verschnitt in unseren Supermarktregalen landete. Lassen Sie sich den passenden Tropfen empfehlen – Sie werden begeistert sein!

Die meisten Lokale in den Touristenregionen öffnen in der Hauptsaison ab mittags bis spätabends durchgehend. In der Vor- und Nachsaison werden die Zeiten reduziert, im Winter schließen viele Restaurants ganz.
Das Mittagessen wird meist 12–15, das Abendessen ab 18 Uhr angeboten. Die Kroaten selbst bevorzugen ein gehaltvolles Mittagsmahl und essen abends nur noch eine Kleinigkeit.

# Ihr Dalmatien-Kompass

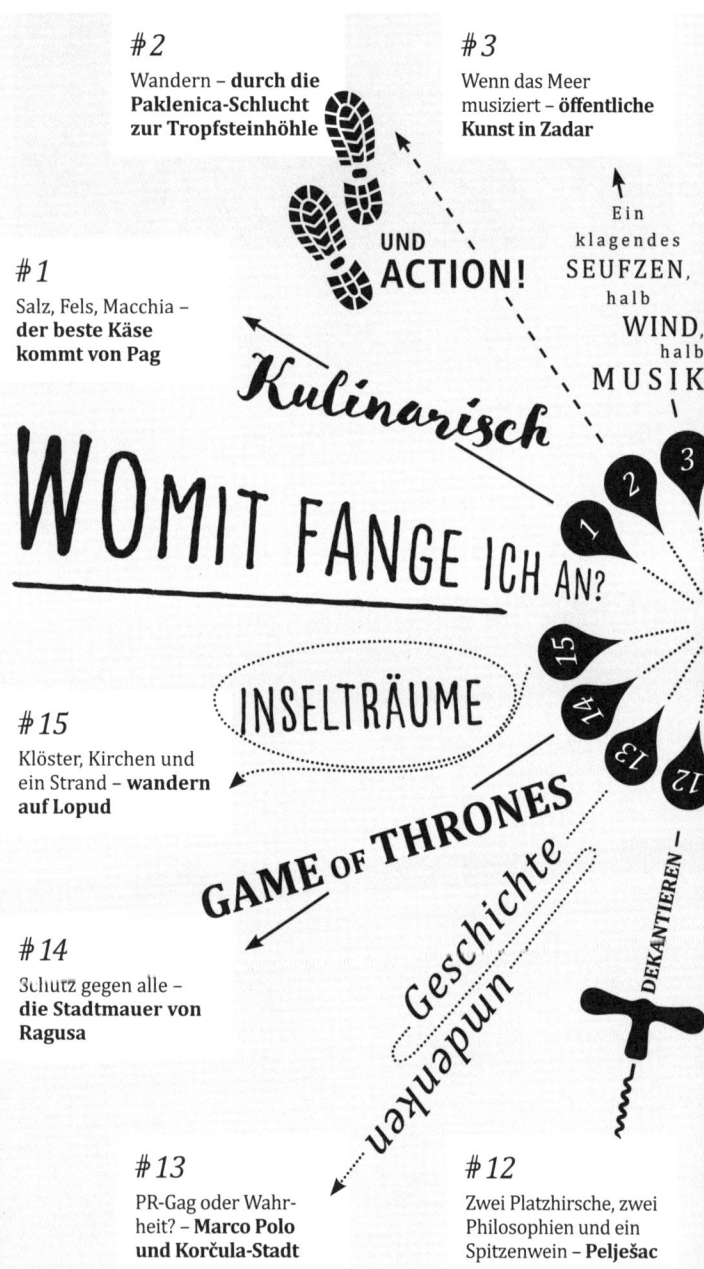

## #2
Wandern – **durch die Paklenica-Schlucht zur Tropfsteinhöhle**

## #3
Wenn das Meer musiziert – **öffentliche Kunst in Zadar**

Ein klagendes SEUFZEN, halb WIND, halb MUSIK

UND ACTION!

## #1
Salz, Fels, Macchia – **der beste Käse kommt von Pag**

Kulinarisch

WOMIT FANGE ICH AN?

1  2  3

INSELTRÄUME

15 14 13 12

## #15
Klöster, Kirchen und ein Strand – **wandern auf Lopud**

GAME OF THRONES

Geschichte umdenken

DEKANTIEREN

## #14
Schutz gegen alle – **die Stadtmauer von Ragusa**

## #13
PR-Gag oder Wahrheit? – **Marco Polo und Korčula-Stadt**

## #12
Zwei Platzhirsche, zwei Philosophien und ein Spitzenwein – **Pelješac**

**#4**
Der Kampf des Grgur Ninski – **Religionsstreit in Nin**

**#5**
Zwischen Wasser und Land – **die Kornaten**

*Bischof gegen Papst*

*archaische Schönheit*

**#6**
Sinn fürs Menschliche – **die Kathedrale von Šibenik**

Interessant?
Bewegend?
Einschüchternd?

**#7**
Bilderbuch für Gläubige – **Kathedralportal von Trogir**

MITTELALTERLICH

*Ein Imperator tritt ab*

**#8**
Die Stadt im Palast – **kaiserlicher Ruhesitz in Split**

**Der Stoff, aus dem das Weiße Haus ist**

AUF DEM CATWALK

UNESCO-Welterbe?

**#9**
Eine Insel als Steinbruch – **der Bračer Marmor**

**#11**
Auf den Spuren antiker Bauern – **im Polje von Stari Grad**

**#10**
Sehen und Gesehenwerden – **in Hvar-Stadt**

# Norddalmatien

Eine stark zergliederte Küste im Schatten des Vele-
bitgebirges und davor das Patchwork lang gestreck-
ter Inseln und winziger Felseneilande: Sowohl von
der Küste als auch aus der Luft betrachtet, wirkt das
nördliche Dalmatien wie ein Labyrinth. Das Ineinan-
dergreifen und Verschmelzen von See und Festland
machen den besonderen Reiz dieser Region aus, in
der Sie wunderbar schwimmen, Boot fahren, wandern oder einfach nur
relaxen können. Den urbanen Kick bringt Zadar mit seiner lebhaften
Altstadt und der schicken Uferpromenade mit dem »Gruß an die Sonne«,
fürs Kulturelle sorgt u. a. das UNESCO-Weltkulturerbe Šibenik.

# Pag 🗺 B 4–C 5

**Lieben Sie herbe, wüstenhafte Natur? Glasklares, türkisblaues Meer? Mögen Sie Entdeckungen abseits des Mainstreams? Dann ist Pag (8000 Einw.) genau richtig.**

Die Insel empfängt Sie mit weißgrauem, glatt poliertem Fels, der aussieht, als hätte jemand die Kulisse für eine Star-Wars-Episode in die Adria gepflanzt. Allerdings duftet es nach allen Kräutern des Südens, die in Spalten und zwischen Steinen wurzeln. Minze, Lavendel, Oregano, Majoran, Salbei senden aromatische Botenstoffe Bienen und Schmetterlingen entgegen. Auch die genügsamen Pager Schafe locken sie mit diesem Füllkorb der Kräutergöttin an. Der Käse aus ihrer so gewürzten Milch gilt als der beste Kroatiens. Pag ist der Bora, dem vor allem im Winter vom Velebitgebirge auf die Insel eindreschenden, kalten Wind, nahezu schutzlos ausgeliefert; die mit Salzwasser gesättigten Böen polieren das Gestein wie Sandpapier. Überraschend trifft man aber auch auf grüne Oasen üppig-mediterraner Vegetation – überall dort, wo ein Höhenzug die zerstörerische Bora abhält. Machen Sie sich also auf Entdeckungsreise zu Landschaften wie Fantasykulissen, verschwiegenen Buchten, uralten Olivenbäumen und ganzen Sommer währenden Partys!

....................................................

## WAS TUN AUF PAG?

....................................................

### Durch Pag-Stadt bummeln
Ob es die Pest war oder Piraten, die Aussicht auf bessere Geschäfte oder eine Naturkatastrophe – 1443 beschloss Venedig, damals Herrscher über Dalmatien, die Bewohner von Pag sollten ihre alte Hauptstadt aufgeben und in eine neue ziehen. Mit dem Entwurf beauftragte die Serenissima den berühmten Renaissancebaumeister Juraj Dalmatinac (1410–73), der an antiken Idealen orientierte Pläne vorlegte. So

entstand ein so gar nicht typisch-mediterraner Ort mit schnurgeraden Straßen und einheitlichen Renaissancefassaden. Dort, wo sich die beiden Hauptachsen der Stadt kreuzen, beherrscht die gotische **Kirche Sv. Marija** dreischiffig-breit den Hauptplatz Trg kralja Petra Krešimira IV. Sie ist innen hübsch ausgestattet, auch ein wunderbringendes Kruzifix wird verwahrt, doch bemerkenswert ist das **Portal.** Als sei es Dalmatinac dann doch langweilig geworden, griff er in der Gestaltung des Tympanons und der Rosette darüber auf Pager Traditionen zurück. Maria breitet im Giebel über dem Portal ihren schützenden Mantel aus. Die Menschen, die sich darunter versammeln, tragen Pager Tracht (wie heute noch bei Festen), während das Muster der Rosette die Spitze zitiert, die die Frauen von Pag von alters her im Heimarbeit nähen. An den **Verkaufsständen** rund um den Hauptplatz und bei den kunstvollen Exponaten der **Galerija Paške čipke** (Trg kralja Petra Krešimira IV, tgl. Juli/ Aug. 10–13, 20–22.30, Mai, Juni, Sept.–Mitte Okt. 10–13 Uhr, 15 Kn) im ehemaligen, vorbildlich renovierten Rektorenpalast lässt sich das Spitzendekor bewundern. Was war wohl zuerst da: das Muster in Spitze oder in Stein?

### Auf der Spur des Salzes
Warum Venedig Pag besonders förderte, ist unübersehbar, wenn Sie den Platz nach Westen verlassen und über die hübsche **dreibogige Brücke** auf die andere Seite des schmalen Meeresarms wechseln, der tief nach Süden reicht. Das flache Gewässer eignet sich perfekt zur Salzgewinnung. Das 300 ha große Areal der **Salinen** liefert jährlich 30 000 t ›weißes Gold‹. Die neun historischen **Salzlagerhäuser** aus dem 17.–19. Jh. wirken aber nach wie vor imposant. In einem informiert das **Salzmuseum Muzej soli** (tgl. Juli/ Aug. 9–12, 19–22, Juni, Sept. 7–15 Uhr, 15 Kn) über die Arbeit in den Salinen.

### Pags Party-Hauptstadt entdecken
In **Novalja**, 25 km nordwestlich von Pag-Stadt, überbieten sich im Sommer

*Seit vermutlich 2000 Jahren wird auf Pag Salz gewonnen – und das ›weiße Gold‹ bewog Venedig dazu, die Insel zu fördern. Heute wird die von Solana Pag betriebene Saline immer mehr zur Touristenattraktion.*

kroatische Clubs vom Festland mit Beachpartys und weiteren Events (Infos: www.zrce.eu). Die Bühne dafür, der berühmte **Zrće Beach,** befindet sich zwar einige Kilometer außerhalb, doch das eigentlich hübsche Städtchen Novalja leidet gehörig. Normale Touristen bleiben im Juli und August lieber weg, denn Tag und Nacht dröhnen die Bässe. Tja: Die ich rief, die Geister …

Dabei sind die Strände wirklich attraktiv, und unter dem Stadtmuseum **Gradski muzej** (Ul. kralja Zvonimira 27, T 053 66 11 60, Juni–Sept. Mo–Sa 9–13, 18–22, sonst Mo–Fr 9–15 Uhr, 20 Kn) verbirgt sich etwas richtig Spektakuläres: Hier endet ein von den Römern unterirdisch angelegtes Aquädukt, das Wasser unter einem Hügel hindurch von einem 1200 m entfernten Brunnen herbeileitete. Der Wassergang ist etwa mannshoch und besitzt ein Gefälle von 7 cm auf 1000 m. Der Zutritt ist verboten, doch allein der Blick in die Leitung ist eindrucksvoll.

### Ins Fantasy-Reich auf Lun

Nun aber zur ›Herr der Ringe‹-Szenerie mit unheimlichen Ents. Die Inspiration für seine Baum-Hirten hätte Tolkien durchaus aus der schmalen, nach Norden gereckten **Halbinsel Lun** beziehen können. Die uralten Olivenbäume mit ihrer zerfurchten Rinde gleichen erstarrten Gesichtern, die von der Bora gebeutelt nahezu waagrecht wachsen. Der Felsfinger ist keinen Kilometer breit, 18 km lang und endet am Hafen von Tovarnele – eine hübsche Spritztour mit einer Vespa, die Sie in Novalja leihen können! Verkrüppelte Olivenbäume, wild weidende Schafe, Trockenmauern, Macchia und der Gebirgszug des Velebit sind Ihr Publikum, wenn Sie hier entlangcruisen. Ab und an sollten Sie anhalten und lauschen: auf das Wispern der Gräser, das Knarzen der Gattertore, den Ruf des Gänsegeiers.

Hinter dem Dörfchen **Lun** warten noch mehr Oliven, Trockenmauern und ein paar Souvenirstände in den **Vrtovi Lunjskih maslina** (http://olive-gardens. eu, Mo–Sa 9–16 Uhr, 20 Kn) – einer Art botanischem Lehrgarten.

In **Tovarnele** springt man von der Kaimauer ins Meer, kehrt im **Haluga** auf Kaffee, Pizza oder gegrillte Scampi ein und fährt auf demselben Weg zurück.

# #1

## Salz, Fels, Macchia –
## der beste Käse
## kommt von Pag

**Salzluft, Wind und Abholzung haben den Menschen auf Pag nur wenig gelassen: mit Macchia überwucherte Hochflächen – und Schafe, die sich wohlfühlen. Gäben sie sonst so aromatische Milch, Grundlage für den berühmten Paški sir?**

**Paški sir,** ein Hartkäse aus Schafmilch, gehört neben *pršut*, Schinken, auf jeden dalmatinischen Vorspeisenteller. Aber die Pager Schafe müssten schon extreme Hochleistungstiere sein, könnten sie mit ihrer Milch den Bedarf ganz Kroatiens befriedigen (da hilft dann wohl doch der eine oder andere Bauer auf dem Festland aus, um Engpässe zu überbrücken). Deshalb können Sie am verlässlichsten auf Pag erkunden und erschmecken, was echten Pager Käse ausmacht – und dort besonders rund um den Käseort **Kolan** 16 km nordwestlich von Pag-Stadt.

*Kein Käse ohne Schafe!*

## Trockenmauer-Labyrinth

Der Käse steht und fällt mit der Weide. Die Insel ist von einem Netz aus grauweißen **Steinmauern** überzogen. Sie parzellieren Täler und Hänge, teils in absurd steilen Lagen. Es lohnt sich, irgendwo, wo das Tor offen steht, diese ›Weiden‹ genauer unter die Lupe zu nehmen. Gras ist kaum vorhanden. Stattdessen eine geradezu unüberschaubare Vielfalt an Kräutern, die ihren Weg an Stein und Geröll vorbei ins Sonnenlicht suchen. Und alle Pflanzen und der Fels sind mit einer feinen Salzschicht überzogen, die der vor allem im Winter stürmende Fallwind Bora über die Insel breitet. Nur Schafe sind Fehlanzeige. Kein Wunder – vor der Mittagshitze ducken sie sich im spärlichen Schatten der Trockenmauern und sind so, grauweiß auf grauweiß, bestens getarnt.

## Von der Milch zum Käse

In Kolan angekommen ist die **Käserei Gligora** 1 nicht zu übersehen. Hier erfahren Sie, wie aus der durch Kräuter aromatisierten Milch Käse entsteht: Sie wird gefiltert und pasteurisiert, Rei-

**Ü**
**ÜBRIGENS**

Lassen Sie sich ruhig auch unterschiedlich alten Pager Käse servieren: Der drei Monate alte Käse hat einen zarten, kaum schafigen Geschmack; der sechs Monate alte entwickelt bereits ein kräftigeres Aroma. Ein 18 Monate alter Käse hat, ähnlich wie alter Parmesan, eine brüchige Konsistenz und schmeckt sehr intensiv.

*Gehört zu Pag wie die Steinmauern und das Salz – der Paški sir*

fungskulturen werden beigefügt, die Milch erhitzt. Schließlich nimmt man die so entstandene Käsemasse ab, zerkleinert sie, erhitzt sie erneut, um die letzte Molke zu entziehen, und lässt sie trocknen. Nach hohem Druck unter einer Presse kommt der Käsebruch für 24 Stunden in Salzlake. Nach einem weiteren Tag der Trocknung geht es in die 17 °C kühle Reifekammer. Pager Käse reift mindestens drei Monate und wird dabei täglich gewendet. Seinen vollen Geschmack erreicht er ab einem Alter von sechs Monaten.

## Schmeckt's?

Und was ergeben Steine plus Kräuter plus Bora plus Schafe plus sorgsame Verarbeitung? Verklärte Mienen bei der Verkostung! Bei der nicht nur Paški sir auf dem Teller liegt, sondern auch der halb aus Schafsmilch, halb aus Kuhmilch gereifte Žigljan, der Kolan aus Kuh- und der Kozlar aus Ziegenmilch.

INFOS/ÖFFNUNGSZEITEN

**Anreise:** von Zadar über die Brücke Paški most oder mit der Fähre von Prizna nach Žigljen, dann geht es weiter nach Kolan
**Sirana Gligora** ■1: Figurica 20, Kolan, Insel Pag, T 023 69 80 52, www. gligora.com, Laden Juni–Okt. tgl. 8–20, Winter bis 17 Uhr, Besichtigung mit Verkostung nach Anmeldung (tel. oder online), ab 80 Kn. 325 g mittelalten Käses kosten um 20 €.

**Faltplan:** B/C 4/5 | **Anreise:** über Land oder per Fähre und weiter zu Land

## SCHLEMMEN, SHOPPEN, SCHLAFEN

### In fremden Betten

#### Wellness am Strand
#### Pagus
Der Feinkiesstrand direkt vor der Türe, ein angenehmes Wellnesscenter und hübsch eingerichtete Zimmer sprechen für dieses zentrumsnahe Haus.
Ante Starčevića 1, Pag-Stadt, T 022 45 14 81, www.hotel-pagus.hr, DZ/ÜF um 680 Kn

#### Abseits des Rummels
#### Villa Kaštel
Pension und Restaurant in einem kleinen Ort an der Westküste und direkt am Strand gelegen laden zu einem entspannten, geruhsamen Urlaub bei gutem kroatischen Essen ein.
Kralja Tomislava 22, Povljana, T 098 22 80 61, www.villa-kastel.hr, DZ/ÜF um 800 Kn, Menü um 180 Kn

#### Fast im Zentrum des Geschehens
#### Olea
Das moderne, neu erbaute Hotel liegt im Zentrum von Novalja, aber weit genug vom Partystrand, dass Sie darin ruhig schlafen können. Schicke Einrichtung, Innen- und Außenpool, Spa, Restaurant und eine Lounge verwöhnen rund um die Uhr.
Burin Bok, Novalja, T 053 55 51 00, www.hotelolea.com, DZ/ÜF um 700 Kn

### Satt & glücklich

#### Angesagter Szenetreff
#### Table SQ
Nachtschwärmer und Spätfrühstücker sind hier richtig: Es gibt Frühstück in allen Variationen, Sandwiches, Burger, Steaks und Čevapčići.
Obala Petra Krešimira IV 15, Novalja, T 053 66 38 28, auf Facebook, tgl. 9–3 Uhr, Burger um 40 Kn

#### Das tiefe Blau
#### Haluga
Das Bistro am nördlichsten Zipfel von Pag ist sicher nicht das beste Restaurant der Insel – aber schauen Sie nur von der Terrasse in dieses grandiose Blau: Meer und Himmel fließen ineinander, und selbst die einfachste Pizza erscheint als Seligkeitsgericht!
Tovarnele 19, Tovarnele, Halbinsel Lun, T 098 27 25 66, Sommer tgl., Pizza um 60 Kn

#### Lässig mit Aussicht
#### Trapula Wine & Cheese Bar
Keine Lust auf Grillgerichte? Steht der Sinn eher nach etwas Leichtem? Dann sind Sie hier richtig: Kroatische Tapas, Schinken, Käse, dazu ein Gläschen Weißwein und dieser fantastische Blick auf das Kirchenportal – so fühlt sich Urlaub an.
Trg kralja Petra Krešimira IV, Pag-Stadt, T 099 271 90 14, Käse-/Schinkenplatte um 130 Kn

#### Ländlich und ökologisch
#### Figurica
Auf der von Olivenbäumen einge-rahmten Terrasse könnte ich bei einer Käseplatte und einem Glas Malvazia Stunden vertrödeln. Auf Voranmeldung schieben die Gastgeber auch ein feines Lammgericht in der Peka auf die Herdglut.
Figurica 11, Kolan, T 098 42 91 93, tgl. Juni–Okt., Menü um 200 Kn

#### Ländlich und ambitioniert
#### Boškinac
Das Boškinac ist eine geniale Kombi-nation aus romantischem Ambiente, sehr aufmerksamem Service und einer der besten Küchen Kroatiens. Einfach eintauchen, kosten, nippen und glück-lich sein. Das fand auch der Michelin und vergab 2020 einen Stern.
Novaljsko polje bb, T 053 66 35 00, www.boskinac.com, Menü um 600 Kn

#### Rustikal genießen
#### Konoba Bodulo
Romantisch ist die Atmosphäre unter Weinreben in einem ummauerten Hin-terhof; vor allem Fisch und Meeresfrüch-te sind hier top.
Vangrada 19, Pag-Stadt, T 023 61 19 89, https://konoba-bodulo.eatbu.hr, Menü um 230 Kn

**Stöbern & entdecken**

**Alles Käse**
**Siroteka**
Keine Lust, die einzelnen Käseerzeuger abzuklappern? Die besten beliefern diesen Laden mit ihren Produkten und Sie haben nur noch die Qual der Wahl.
Vela ulica 12, Pag-Stadt, Di–Sa 10–17, So 9–14 Uhr

 **Wenn die Nacht beginnt**

**Party bis zum Morgengrauen**
**Aquarius**
Einer von mehreren Techno-Beat-Tempeln am Zrće Beach, aber immerhin der Wegbereiter und daher Kult! Tagsüber Beach Bar und Restaurant, ab Sonnenuntergang After Beach Party, nachts Clubbing.
Zrće Beach, https://aquarius.club/, Sommer tgl. ab 23 Uhr, open end

 **Sport & Aktivitäten**

**Immer im Kreis**
**Cable Pag**
600 m misst die Strecke, auf der an Leinen hängende Wakeboards im Kreis übers Wasser gewirbelt werden. Rampen ermöglichen Sprünge, aber Achtung: Die Zuschauer sparen nicht mit Spott!
Zrće Beach, Novalja, www.cable-pag.com, Mai–Sept. tgl. 11–19/20 Uhr, 130 Kn/Std.

**Schönster Strand gesucht!**
**Plaža Ručica**
Falls sie ein bisschen Sand zwischen den Zehen spüren möchten, dann ist Ručica Ihr Strand. Dazu fahren Sie von Novalja ca. 15 km in Richtung Metanja nach Südosten und in Metanja noch eine Bucht weiter. Achtung: Schatten gibt es nicht!

**Flotte Biene**
**Rent a car Novalja**
Der Autovermieter hat auch Vespas und ›martialische‹ Quadbikes im Programm.
Orlje 42, Novalja, T 098 86 56 30, www.rentacar-novalja.com, Vespa um 300 Kn/Tag

❶ **Infos**
**TZ Pag:** Od špitala 2, Pag, T 023 61 12 86, https://tzgpag.hr, Juni–Sept. tgl. 8–22, sonst Mo–Sa 8–15 Uhr

❶ **Termine**
**Pager Karneval:** letztes Juli-Wochenende. Umzüge und Straßenfest.
**Mariä Himmelfahrt:** 15. Aug. Feierliche Prozession vom Standort des alten Pag zur Kirche Sv. Marija in Pag-Stadt.

❶ **Verkehr**
**Fähren:** www.jadrolinija.hr, Fähren der Jadrolinija zwischen Prizna (Festland) und Žigljen (Pag), Katamaran nach Rab und Rijeka.

# Nationalpark Plitvice 🏳 D 3/4

**Am Tag schimmern 16 große und kleine Seen in allen Nuancen von Dunkelblau bis Helltürkis; dazwischen stürzen ihre Wasser und Zuflüsse kahle Felswände hinunter oder hüpfen munter über niedrige Travertinstufen. Im dichten Grün sprudelt, rauscht, murmelt und gurgelt es, wie graue Schatten huschen Forellen unter der Wasseroberfläche dahin,**

In der Hochsaison im Juli und August teilen Sie den Nationalpark leider mit Busladungen von Besuchern. Aber Frühjahr und Herbst sind mit ihren weichen Farben ohnehin die schöneren Jahreszeiten. Und wenn Sie im Winter in der Gegend sind – Eis und Schnee verwandeln Plitvice in ein glitzerndes Cinderella-Schloss.

**Libellen tanzen zwischen Tautropfen und Sonnenlicht. Vielleicht das Auenland? Nein!**

Ein blitzender Nachthimmel, Wasser wie schwarzes Glas, Glühwürmchen im Lichterreigen – ein Zauberreich der Nacht … nein, auch nicht Narnia. Es ist der **Nationalpark Plitvička jezera!** Eine der magischsten Naturschönheiten Kroatiens und UNESCO-Weltnaturerbe.

## WAS TUN IM NATIONALPARK PLITVICE?

### Durch Plitvice wandern
Der 29 462 ha große Nationalpark Plitvička jezera liegt 105 km landeinwärts von der Küstenstadt Karlobag. Zwei Eingänge, **ulaz 1** (Rastovača) und **ulaz 2** (Hladovina), führen zu den Naturschönheiten, letzterer unterhalb des Hotels Jezero, der erste am nördlichen Ende der Seenkette, die sich von Nord nach Süd über mehrere Stufen 130 m hochstaffelt. Die einzigartige Natur erschließen an den Seen verlaufende Wanderwege.
Wer genug gegangen ist, kann den Rückweg in einem Panoramabus (›Zug‹, hat diverse Stopps im Park) oder per Schiff antreten, das den **See Kozjak** in seiner gesamten Länge durchfährt. Der größte See Plitvices erstreckt sich am Eingang 1 über eine Fläche von 81,5 ha und bildet die Grenze zwischen den Oberen und Unteren Seen.
Die Unteren Seen, **Donja jezera,** füllen den Grund einer schroffen Schlucht, deren Felswände teils senkrecht die türkisgrünen Wasser begrenzen. Auf dem Wanderweg entlang der schmalen Seen trifft man auch auf den 76 m hohen **Veliki slap,** den höchsten Wasserfall des Schutzgebiets.
Die Oberen Seen, **Gornja jezera,** liegen in einem weiteren Talkessel, der dicht bewaldet ist. Vom größten der Oberen Seen, dem **Prošćansko jezero** (68 ha), fließt das Wasser durch kleinere und größere Seen, über natürliche Tuffsteindämme und in mehreren Stufen bis hinunter zum Kozjak.

Mit der im Nationalpark erhältlichen Karte des Seengebiets können Sie ihren Rundweg (je nach Länge ca. 2–5 Std.) nach Belieben zusammenstellen. Der **Weg um die Donja jezera** ist am frühen Morgen besonders schön, weil die Sonne vormittags für ideale Lichtverhältnisse sorgt (Dauer 1–2 Std.). Der Nachmittag gehört den **Gornja jezera,** einer wildromantischen, durch Stege und Brücken erschlossenen Landschaft (ca. 2 Std.).

## SCHLEMMEN & SCHLAFEN

 **In fremden Betten**

Hotels und das Camp am Eingang haben ihre besten Jahre hinter sich (alle T 053 75 10 15, www.np-plitvicka-jezera.hr).

### Camping im Wald
**Autokamp Korana**
Der schattige Zeltplatz liegt 6 km nördlich vom Eingang beim Hotel Jezero an der Hauptstraße.
Plitvička jezera, Mai–Sept., Stellplatz: 70 Kn/Person, 30 Kn/Zelt, 70 Kn/Pers.; Bungalows um 270 Kn

### Holz in der Hütte
**Ethno Houses / Etno Kuće**
Das Anwesen im Nationalpark besteht aus mehreren Holzhäusern, in denen Sie in sehr komfortablen, modern eingerichteten, aber zugleich rustikal wirkenden Zimmern und Suiten wohnen. Ein Mini-Klettergarten und ein Streichelzoo machen Kinder glücklich.
Plitvica Selo 66/1, Plitvica selo, T 091 123 41 75, www.ethnohouses.com, DZ/ÜF um 1200 Kn, Hauptgericht um 130 Kn

### Zimmer mit Aussicht
**Jezero**
Das Großhotel profitiert von seiner schönen Lage mit Blick über die Seekaskaden – doch an der Ausstattung nagt der Zahn der Zeit.
Plitvička jezera, DZ/ÜF um 1000 Kn

*Manchmal gaukelt allein der Anblick von Wasser die ersehnte Abkühlung vor. Im Nationalpark Plitvice gibt es davon mehr als genug: See an See, Wasserfall an Wasserfall – das charakterisiert den Park.*

 **Satt & glücklich**

### Balkanküche
**Degenija**
Herzhafte Grillgerichte und Riesenpizzen sind den eher aromaarmen Speisen in den Restaurants des Nationalparks vorzuziehen. Auch Gästezimmer.
Selište Drežničko, Rakovica, T 047 78 20 60, www.hotel-degenija.com, Hauptgericht um 85 Kn

### Speisen am Nationalpark
**Nacional**
Rund um die offene Feuerstelle kommen *ražnici* (Fleischspieße), Forelle oder Lamm aus der Peka auf den Tisch. Unter den Nationalparkrestaurants das empfehlenswerteste.
Restaurantkomplex Poljana, Hauptgericht um 120 Kn

## INFOS

❶ **Infos**
**Nacionalni park Plitvička jezera:**
Plitvička jezera, T 053 75 10 15, www.

np-plitvicka-jezera.hr, tgl. Winter 8–15, Frühjahr/Herbst 8–19, Juni–Aug. 7–20 Uhr, letzter Einlass jeweils 2 Std. früher, Tagesticket je nach Saison 80–300 Kn, Kinder 35–120 Kn (Tickets unbedingt online kaufen!)

❶ **Verkehr**
Ein- bis zweitägige **Busausflüge** in den Nationalpark Plitvice sind in allen Ferienorten buchbar. Möchten Sie individuell unterwegs sein, fahren Sie mit dem **eigenen Fahrzeug** von Karlobag über Gospić nach Plitvice (105 km).

# Zadar 🗺 C 6

**Ein bisschen Großstadtflair schnuppern, Geschichte sinnlich erleben, einen Ausschnitt des kroatischen Alltags einfangen und zu guter Letzt einen Sonnenuntergang erleben, der schon Alfred Hitchcock begeisterte – dabei hat es zu seiner Zeit die eigentliche Attraktion noch gar nicht gegeben: die Installation »Pozdrav suncu«, »Gruß an die Sonne«.**

# # 2

# Wandern – **durch die Paklenica-Schlucht zur Tropfsteinhöhle**

**Von der Insel Pag aus betrachtet türmt sich das Velebit-Gebirge auf dem Festland auf wie eine undurchdringliche, nackte Wand. Dahinter verbergen sich dichte Wälder, schroffe Schluchten und geheimnisvolle Tropfsteinhöhlen.**

Als Massiv aus Kalkstein und Dolomit zeigt das Velebit Erosionsformen des Karstes wie Karren, Dolinen und Höhlen. Eine dieser Höhlen, Manita peć, ist unser Ziel auf der gemächlichen Wanderung durch die grandiose Natur der Paklenica-Schlucht. Ein früher Start ist ratsam – wegen der schnell steigenden Temperaturen und der vielen Ausflügler.

## Bunte Spinnenmenschen im Fels

Von der letzten **Parkmöglichkeit,** ca. 1,7 km hinter dem **Nationalparkeingang,** folgt ein breiter, bequemer **Wanderweg** dem Bach **Velika Paklenica** durch die gleichnamige Schlucht. Die Felswände links und rechts türmen sich fast senkrecht empor und sind bei gutem Wetter geradezu gesprenkelt mit Climbern in bunten Kletterklamotten. Mit höchster Konzentration gehen die im Fels hängenden Spinnenmenschen ihrem Hobby nach.

*Klettern ist das Eine, aber Baden in den Pools, die sich in den Felsen der Schlucht gebildet haben, das verspricht Abkühlung und unangestrengten Spaß.*

## Farbenfroher Wegesrand

Achten Sie links und rechts des Weges auf die Flora. In Felsspalten wurzeln das endemische, weiß blühende **Sandkraut** *(Arenaria orbicularis)* und leuchtend blaue **Glockenblumenpolster** *(Campanulla fenes trella).* In höheren Lagen blühen der **Schottische** und der **Wildkrokus** *(C. weldenii, malyi).* Auch aus den Alpen bekannte Blütenpflanzen wie **Clusius-Enzian, Alpen-Leinkraut** und **Blaue Disteln** zeigen sich.

## Zur Tropfsteinhöhle

Nach knapp 1 km teilt sich der Weg. Der Bach führt uns nun stetig bergan zur Höhle. 1 km weiter ist dann schon die **Abzweigung zur Höhle** erreicht. In Serpentinen steigen wir zum 570 m hoch gelegenen Eingang der **Manita peć** 1. Kurz davor gilt es, einen tollen **Aussichtspunkt** zu erklimmen! Ein letzter Blick auf Himmel und Sonne, dann tauchen wir in die Unterwelt (ca. 1,5 Std.) ein.

*Am Wegesrand blüht auch der distelähnliche Mannstreu.*

## Unterirdisches Zauberreich

Die 175 m tiefe Grotte besteht aus zwei Hallen voller faszinierender Stalagmiten- und Stalaktitenskulpturen. Der Eindruck ist besonders intensiv, da die Höhle nahezu unbeleuchtet ist. Der Guide weiß die Besonderheiten des Karstes, die Höhlen- und Schluchtenbildung anschaulich zu erklären. Und falls Sie dachten, dies sei die einzige Höhle hier … es gibt über 70! Der Nationalpark ist durchlöchert wie ein Schweizer Käse.

Zurück im Tageslicht wandern Sie gemächlich wieder zum Parkplatz. Nach der Dunkelheit in der Manita peć sind die Sinne für die Einzigartigkeit der Natur nun besonders geschärft!

INFOS/ÖFFNUNGSZEITEN

**Nacionalni park Paklenica:** Jadranska cesta bb, Starigrad, T 023 36 91 55, www.paklenica.hr, nordöstlich von Starigrad-Paklenica, je nach Saison 20–60 Kn. Verkauf der Wanderkarte Paklenica 1:25 000
**Manita peć** 1: April Sa, Mai, Juni, Okt., Mo, Mi, Sa, Juli–Sept. tgl. 10–13 Uhr, nur mit Führung (30 Min.), 30 Kn
**Ausrüstung:** Stabile, knöchelhohe Bergschuhe, Sonnenschutz (Mütze, Hut) und ausreichend Proviant und Wasser

KULINARISCHES FÜR HINTERHER

Bei **Dinko** ❶ (Paklenicka 1, Starigrad, T 098 191 09 73, www.dinko-paklenica.com, Hauptgericht um 110 Kn) trifft sich die Kletterszene bei herzhafter Küche, um die neuesten Routen und Tipps zu diskutieren.

SIE MÖCHTEN BLEIBEN?

Das kleine, einfache Hotel **Rajna** 🏠 (Dr. Franje Tuđmana 105, Starigrad, T 023 35 91 21, www.hotel-rajna.com, DZ/ÜF um 480 Kn) führt der Eigentümer mit großem Elan.

**Faltplan:** D 5 | **Bus:** mehrmals tgl. ab Zadar

## ZADAR

Zadar mit seinen 90 000 Einwohnern ist eine lebhafte, moderne Stadt; ihr historisches Herz liegt auf einer Halbinsel und lädt zum Flanieren auf der Hauptgasse ein, der Široka ulica, oder wie die Einheimischen sie ganz dem italienischen Erbe verpflichtet nennen: der Kalelarga – Calle Larga. Erwarten Sie keine Altstadtklischees! Im Zweiten Weltkrieg zerstörten Luftangriffe 60 % der alten Bausubstanz. Folglich treffen Renaissancearchitektur und modernis-

tische Baustile aufeinander. Aber eben dies macht Zadars besonderen Charme aus.

### WAS TUN IN ZADAR?

#### Zum Volksplatz bummeln

Früher war eine Zugbrücke der einzige Zugang zur Altstadt-Halbinsel; der kleine **Hafen Foša** 1 ist ein Überbleibsel des Durchstichs. Hier finden sich auch

das **Land-** und das **Zolltor,** tiefe Durchgänge in der massiven **Stadtmauer.** Der **Trg pet bunara** 2 (Platz der Fünf Brunnen) hinter dem Landtor rechts war Zadars Wasserreservoir. Unter dem Platz befindet sich seit dem 16. Jh. eine der größten **Zisternen** der Stadt. Und weiter nach rechts, am hübschen, von Cafés gesäumten **Trg Petra Zoranića,** blicken Sie durch eine Glasscheibe im Boden noch tiefer in Zadars Geschichte: auf die **römischen Fundamente** 3.

Werfen Sie auch einen Blick in die Kirche **Sv. Šime** 4 (Trg Šime Budinica, Mai–Okt. Mo–Fr 8.30–12, 17–19, Sa 8.30–12 Uhr, Eintritt frei). Zwei Bronzeengel hinter dem Altar tragen den 250 kg schweren Silber- und Goldsarkophag (14. Jh.) mit den Reliquien des hl. Simeon. So friedlich das Ganze wirkt, die barocken Engel waren einmal Kanonen. Die Venezianer ließen sie 1647 im Krieg um Kreta nach einem Sieg über die Türken umgießen.

Vom Gotteshaus spazieren Sie auf der **Kalelarga** oder **Široka ulica,** Zadars Haupt-Shoppingstraße, nach Nordwesten. Sie treffen schon nach wenigen Schritten auf einen der einladendsten Plätze der Altstadt, den **Narodni trg,** den Volksplatz. Zeit für einen Espresso im **Café Lovre** ❷ (▶ S. 33). Vom Café aus ist die dahinter liegende romanische Kapelle des hl. Laurentius, **Sv. Lovro** ❺, aus dem 11. Jh. zugänglich. Eine architektonische Rarität, denn die meisten älteren Gotteshäuser hat sich der Barock geholt! Von den Cafétischen auf dem Volksplatz aus haben Sie einen Logenplatz. Der Platz ist umstanden von der Renaissance-Stadtwache, der **Gradska Straža** ❻, dem in den 1930er-Jahren erbauten **Rathaus** ❼ (Gradska vijećnica) und der von Michele Sanmicheli im 16. Jh. errichteten barocken **Loggia** ❽ (Gradska loža). Der Stilmix ist typisch für Zadar und wirkt überraschend harmonisch.

Auf der **Kalelarga** weitergehend stellt sich die Frage: Sind die **Häuser** links und rechts mit ihren auf dünnen Betonpfeilern ruhenden, vorkragenden Obergeschossen eine Bausünde oder spannende Architektur? Auf jeden Fall ein Kompromiss, denn radikale Architekten warben in den 1950er-Jahren mit ihrer Vision, die gesamte Altstadt in einer Art futuristischem Einheitsstil zu bebauen. Zum Glück fehlte das Geld dafür, und die ›Stelzenhäuser‹ an der Kalelarga, errichtet von den Architekten Božidar Rašica und Bruno Milić, waren schließlich das Einzige, was die 1960er-Jahre an Neuem sahen.

**BARKAJOLI**

Wenn Sie von den Hotelzonen im Süden auf dem Weg in die Altstadt nicht das ganze Hafenbecken umrunden wollen, besteigen Sie einfach die Ruderbootfähre. Angeblich pullen die *barkajoli* seit über 600 Jahren Passagiere von der einen auf die andere Hafenseite. Preis etwa 10 Kn.

### Auf römischen Säulen ausruhen

Und zwar auf den Säulenstümpfen, die bis heute den **Standort des ehemaligen Forums** ❾ (Trg Rimskog Foruma) markieren. Nur dass nicht heidnische Tempel, sondern christliche Gotteshäuser das sakrale wie kulturhistorische Herz Zadars rahmen.

### … und alte Gotteshäuser besuchen

Die vorromanische Kirche **Sv. Donat** ❿ (Trg Rimskog Foruma, April, Mai, Okt. 9–17, Juni 9–21, Juli/Aug. 9–22 Uhr, 20 Kn) aus dem 9. Jh. ist das auffälligste Bauwerk des Platzes. Ihre ungewöhnliche Architektur – ein 26 m hoher, sich aus drei Apsiden zusammenfügender Zylinder mit Fenstern wie Schießscharten – vereint byzantinische und karolingische Elemente. Fremdartig und monumental wirkt das schmucklose Innere des frühchristlichen Gotteshauses, dessen Erbauer römische Säulen und Kapitelle verwendeten. Seine einstige Ausstattung können Sie sich vorstellen, wenn Sie die mittelalterliche Sammlung des Archäologischen Museums (▶ S. 28) besuchen.

Gleich hinter der Kirche Sv. Donat zitiert die Kathedrale **Sv. Stošija** ⓫ (Trg Svete Stošije, Mo–Fr 6.30–19, Sa 8–21, So 8–9, 18–19 Uhr, Eintritt frei) toskanische Gotteshäuser: Die dreiteilige, mit eleganten Fensterrosen geschmückte Fassade ist allerdings vom Forumsplatz abgewandt. Der romanische, im 14. Jh. vollendete Bau ist wesentlich repräsentativer als die schlichte Donatus-Rotunde und mit zahlreichen, vornehmlich barocken Altären ausgestattet. Kostbar ist das Reliquiar der Schutzpatronin, der hl. Anastasia (9. Jh.). Ich steige gerne auf den eleganten **Glockenturm** (Mo–Sa, Juni–Sept., 9–22, April, Mai, Okt. 10–17 Uhr, 15 Kn), von dem aus sich ein schöner Rundblick über die Altstadt öffnet.

### Der Ausstattung altkroatischer Kirchen nachspüren

Wie es in den Kirchen Sv. Donat oder Sv. Lovre im 13. oder 14. Jh. ausgesehen hat, das kann Ihre Fantasie im **Archäologischen Museum** ⓬ (Arheološki muzej, T 023 25 05 42, https://amzd.

hr, Nov.–März Mo–Fr 9–14, Sa 9–13, April, Mai, Okt. Mo–Sa 9–15, Juni, Sept. tgl. 9–21, Juli/Aug. tgl. 9–22 Uhr, 30 Kn) aus Bausteinen zusammensetzen, denn die Altarschranken, Ziborien, Kirchenportale, Sarkophage, … kurzum die steinernen Exponate aus der Frühzeit des kroatischen Christentums im Erdgeschoss des Museums wirken, als stünden sie heute noch in ihren ursprünglichen Gotteshäusern.

Das **Benediktinerinnenkloster zur Heiligen Maria**  (Samostan benediktinski svete Marije) neben der Renaissancekirche Sv. Marija präsentiert seinen grandiosen Kirchenschatz (Gemälde und Reliquien aus dem 8.–18. Jh.) geschmackvoll in einem kühlen Halbdunkel.

Gold und Silber von Zadar (Zlato i srebro grada Zadra): Trg opatice Čike 1, T 023 25 04 96, http://benediktinke-zadar.com, Sommer Mo–Sa 10–13, 17–19, So 10–13, Winter Mo–Sa 10–12.30, 17–18.30 Uhr, 30 Kn

### Für Liebhaber feinster Glaswaren

Säulen, Kapitelle, Statuen – von diesen Zeugnissen römischen Kunstschaffens hat man eigentlich schon genug gesehen. Deshalb nun etwas Besonderes: römisches Glas im **Glasmuseum**  (Muzej Antičkog stakla)! Unglaublich, wie fein, farbverspielt und formenreich die zerbrechlichen Flakons der Antike waren.

Poljana Zemaljskog odbora 1, T 023 36 38 31, www.mas-zadar.hr, Juni–Mitte Okt. tgl. 9–21, sonst Mo–Sa 9–16 Uhr, 30 Kn

### Wenn das Meer musiziert

**Meeresorgel**  **und »Gruß an die Sonne«** : S. 30

········································

## SCHLEMMEN, SHOPPEN, SCHLAFEN

········································

 **In fremden Betten**

### Am Puls der Altstadt
**Boutique Hostel Forum**

Im Herzen der Altstadt empfängt das moderne Hostel seine Gäste mit todschickem Styling und Zimmern von Mehrbett- bis Luxus-Doppelzimmern.

Sie möchten dalmatinische Musik hören? Vielleicht haben Sie Glück und im venezianischen **Arsenal Zadar**  (Arsenal Zadar, Trg tri bunara 1, T 099 210 33 09, http://arsenalzadar.com, Programm s. Website) tritt die beliebte **Klapa Intrade** auf, eine dalmatinische Männer-a-capella-Gruppe – Musik zum Dahinschmelzen! Das Arsenal ist heute ein lebhaftes Kulturzentrum, in dem unterschiedliche Veranstaltungen stattfinden.

Allen gemeinsam ist der große Spaß des Innenarchitekten an fröhlichen Farben.

Široka ul. 20, T 023 25 07 05, http://hostelforum zadar.com, Bett ab 120 Kn, DZ/ÜF ab 540 Kn

### Hit für Kids
**Falkensteiner Diadora**

Das perfekte Familienhotel! Während sich die Kinder im Falkyland unter Aufsicht vergnügen, genießen die Eltern das große Sportangebot.

Hotels & Residences Punta Skala, Petrčane, T 023 55 59 11, www.falkensteiner.com, DZ/VP um 1400 Kn

### Romantik mit Pfiff
**Bastion**

Das Boutiquehotel in der Zadarer Altstadt umwirbt den Gast mit barocker Dekoration und luxuriös-romantischem Flair. Der Service ist sehr aufmerksam, die Zimmer komfortabel und angenehm.

Bedemi zadarskih pobuna 13, T 023 49 49 50, www.hotel-bastion.hr, DZ/ÜF ab 1400 Kn

········································

 **Satt & glücklich**

### Fisch mit Aussicht
**Restoran Foša**

Das am Hafen gelegene Fischrestaurant wirkt nach einem Facelifting jung

# Wenn das Meer musiziert – **öffentliche Kunst in Zadar**

**Eigenartige Töne dringen aus den ins Meer tauchenden Stufen neben Zadars modernem Anleger für Fähr- und Kreuzfahrtschiffe. Ein klagendes Seufzen, halb Wind, halb Musik. Zusammen mit der Solarinstallation »Gruß an die Sonne« ist das durch das Spiel der Wellen ausgelöste Wasserkonzert Zadars spannendste Attraktion.**

Architekt Nikola Bašić sollte ein neues Schiffsterminal errichten; dabei gestaltete er den ziemlich verwahrlosten Uferbereich davor mit flach ins Meer hinabführenden Marmorstufen. Zunächst dachte er dabei nur an die ästhetische Wirkung, dann aber erinnerte er sich an seine Kindheit auf Murter, wo er den Liedern des Windes und des Meeres in Felsspalten und Klüften gelauscht hatte, und beschloss, daraus eine **Meeresorgel** 15 (Morske orgulje) zu entwickeln. In die 70 m lange Treppe integrierte er mithilfe eines Akustikers 35 unterschiedlich breite Plastikröhren, die im schrägen Winkel vom Meer zu einem zentralen Schacht mit Öffnungen in den Treppenstufen führen und an deren Enden sich unterschiedlich gestimmte Pfeifen befinden. Je nach Wellengang, drückt das Wasser mal größere, mal kleinere Mengen Luft in die Röhren und erzeugt so Töne, die Öffnungen in der Treppe hörbar machen. 2006 gewann Bašić dafür den European Prize for Urban Public Space.

*Seegeflüster und Sonnenuntergang an der Meeresorgel*

## Städtischer Raum mit Flair

Denn Nikola Bašić ist etwas gelungen, was bei vielen Neuordnungen urbanen Raumes kläglich scheitert. Seine Meeresorgel ist ein wahrer Besuchermagnet. Der Klangteppich, je nach Seegang meditativ und leise oder kräftiger und vielschichtiger, zieht zu jeder Tages- und Nachtzeit Menschen an, die ihm lauschen, dazu tanzen oder die klingenden Stufen einfach zu einem Sprung ins Meer nutzen.

*Bašićs »Blaue Sonne« strahlt vom Blauen Planeten in den Nachthimmel und grüßt ihr versunkenes Pendant.*

## Ein spektakulärer Sonnenuntergang

Wenn die Sonne die hintereinander gestaffelten Bergketten der Inseln Ugljan und Dugi otok in dunkelblaue Scherenschnitte verwandelt und ihnen eine goldene Corona aufsetzt, verstummen die Menschen auf der Meeresorgel-Treppe. Nach dem dramatischen Schauspiel der Natur beginnt Teil zwei der Bašić-Visionen: Der **»Gruß an die Sonne«** `16` (»Pozdrav suncu«) erwacht zum Leben. Erst ist es nur vereinzeltes Aufblitzen, doch sobald es richtig dunkel ist, beginnt die Lightshow.

## Sonnen-Energie, Sonnen-Magie

Ein Kreis von 22 m Durchmesser, belegt mit 300 Glasplättchen, unter denen Solarzellen stecken, entflammt. Die Energie, die diese Zellen tagsüber gespeichert haben, speist die Lampen der Uferbeleuchtung – ein Sonnenkraftwerk mit 50 000 kW. Doch das eigentliche Faszinosum, das zum Tanz auf der Scheibe verführt, ist das farbige Spiel von Aufleuchten und Erlöschen, von geometrischen und organischen Figuren, die vom »Gruß an die Sonne« ausgehen. Bašić hat seinen Auftrag erfüllt: Die Riva ist wieder ein Ort städtischer Kommunikation.

**Ü**
ÜBRIGENS

Die Jugend von Zadar verbringt oft ganze Abende beim »Gruß an die Sonne«. Ein paar Drinks, ein Gettoblaster und die Party mit Lightshow kann steigen.

KULINARISCHES FÜR ZWISCHENDRIN

Sie möchten jetzt in etwas gediegenerer Atmosphäre ein Gläschen trinken oder eine Kleinigkeit essen? Nur wenige Schritte vom »Pozdrav suncu« entfernt erwartet die **Caffe Bar Brazil** ✿ (Obala kralja Petra Krešimira IV bb, T 023 25 15 32, tgl. ab 17 Uhr) in den Mauern der Bastion ihre Gäste.

**Faltplan:** C 6 | **Cityplan:** ▶ S. 26

*Was wäre ein Besuch in Zadar ohne ein Gläschen Maraschinolikör? Geben Sie noch Maraschinokirschen (in Maraschino eingelegte Maraska-Kirschen) hinzu und fertig ist der Traditionsgenuss.*

und schick. Alles wird frisch zubereitet, deshalb lohnt es sich, Geduld zu haben. Mein Tipp: Das viergängige Fischmenü für 250 Kn ist eine kulinarische Reise durch die Genüsse der Adria.

Kralja Dmitra Zvonimira 2, T 023 31 44 21, www.fosa.hr, Fisch ab 220 Kn

### Design & Genuss
**Bistro Gourmet Kalelarga**
Das Restaurant des Arthotels Kalelarga (dessen stylische Zimmer ich Ihnen ebenfalls ans Herz legen möchte) ist minimalistisch designt und entsprechend zeitgeistig wird auch das feine, auf Fisch und Meeresfrüchten basierende Essen präsentiert.

Široka ul. 1, T 023 23 30 12, www.arthotel-kalelarga.com, Hauptgerichte um 130 Kn

### Wie bei Muttern
**Malo Misto**
Unprätentiös, rustikal und einfach wie das Ambiente ist auch das Essen. Hier gibt's beispielsweise gegrillte Sardinen.

Jurja Dalmatinca 3, T 023 30 18 31, auf Facebook, Hauptgerichte ab 85 Kn

### 🎒 Stöbern & entdecken

#### Süß und verführerisch
**Maraska** 🛈
Zadar ist die Heimat des Maraschinokirschlikörs. Maraska pflegt eine lange Tradition der Herstellung der süßen Sünde (mit und ohne Alkohol). Die Produkte sind in allen Lebensmittel- und Souvenirläden oder im Maraska-Shop erhältlich.

Mate Karamana 3, T 023 20 88 00, www.maraska.hr

#### Vorsicht, zerbrechlich!
**Museumsshop des Glasmuseums** 🔢14
Die Repliken der römischen Glasobjekte aus dem Museum sind vielleicht noch schöner als die Originale. Man muss nur gut darauf aufpassen!

▶ S. 29

### ☀ Wenn die Nacht beginnt

Mittelpunkt des Nachtlebens ist der Stadtteil **Varoš**, wo man **Ecke Varoška und Špire Brusine** sogar die Bänke aus der Kirche in die Gassen stellt.

### Dauerbrenner mit Kunst
**Caffe Galerija Đina** 1
Klein, häufig voll, gelegentlich mit Livemusik und immer toller Stimmung. Ab und an finden auch Kunstevents statt.
Varoška ul. 2, T 023 31 47 74

### Dauerbrenner am Platz
**Café Lovre** 2
Das beliebte Café vor der Kirche Sv. Lovro ist ein stimmungsvoller Platz für den frühen Abend.
Narodni Trg 1, T 023 21 26 78

### Vom Club zur Lounge
**The Garden Lounge** 3
Gründerväter des legendären Vorgängers The Garden waren zwei Mitglieder der britischen Band UB40. Nun ist aus dem Club eine ebenso legendäre Lounge-Bar geworden.
Bedemi zadarskih pobuna 5, T 023 25 45 09, https://thegarden.hr, Mai–Okt. tgl. ab 22 Uhr

### In den Mauern der Bastion
**Caffe Bar Brazil** 4: S. 31

### Musik hören
**Arsenal Zadar** 5: ▶ S. 29
**Musikalische Abende in der Kirche Sv. Donat** 10: ▶ S. 33

--------------------------------------

## INFOS

--------------------------------------

**TZ Zadar:** Jurja Barakovića 5, T 023 31 61 66, www.zadar.travel. Sommer tgl. 8–20 Uhr, Winter eingeschränkte Öffnungszeiten
**Fähre:** Jadrolinija/Zadar, T 023 25 05 55, www.jadrolinija.hr. Verbindungen nach Dugi otok mind. 2 x tgl., nach Ugljan fast stdl., nach Iž, Zut, Rava, Sestrunj, Ist und Molat 1 x tgl.
**Flug:** ▶ S. 108

--------------------------------------

## IN DER UMGEBUNG

--------------------------------------

### Ausflug ins Städtchen Nin
**Der Kampf des Grgur Ninski – Religionsstreit in Nin:** S. 34

### Strandurlaub
Wenn Ihnen der Sinn nach Sonne, Strand und Meer steht: Auf nach Biograd! Der Ferienort **Biograd na Moru** (🗺 D 7), 30 km südöstlich von Zadar, mit großen Hotelanlagen entlang der Marina und in den die Küste säumenden Pinienwäldern sorgt mit Badekais, Feinkiesstränden und einem Meerwasserpool für unbegrenztes Strandvergnügen.
Zu gesichtslos? Das Nachbarörtchen **Sv. Filip i Jakov** (🗺 D 6), 3 km nordwestlich ebenfalls an der Küste gelegen, besitzt mit seinen alten Patriziervillen noch etwas Flair aus der k.-u.-k.-Zeit.

### B Frisch vom Grill
**Guste**
Fisch und Fleisch kommen vornehmlich vom Holzkohlegrill und entsprechend rustikal ist das Ambiente mit Holzbänken und -tischen an der Marina von Biograd.
Kralja Petra Svačića 23, Biograd na Moru, T 023 38 30 25, www.restoran-guste.com, tgl. Mai–Okt. 8–1, Nov.–April 10–23 Uhr, Hauptgerichte um 100 Kn

### ❶ Infos
**TZ Biograd:** Trg hrvatskih velikana 2, T 023 38 31 23, www.tzg-biograd.hr, Mo–Sa Sommer 8–20, sonst 8–16 Uhr
**Bus:** Nach Biograd na Moru und Sv. Filip i Jakov bestehen ab Zadar regelmäßige Busverbindungen.

In den Sommermonaten machen sich die **Musikabende in der Kirche Sv. Donat** 10 (Glazbene večeri u Sv. Donatu, Sv. Donat, Trg rimskog Foruma) die fantastische Akustik und feierliche Atmosphäre der Kirche zunutze – Konzerte, die Sie nicht verpassen sollten! Der Schwerpunkt liegt auf mittelalterlicher und sakraler Musik.

# Der Kampf des Grgur Ninski – **Religionsstreit in Nin**

**Ein verschlafenes Städtchen, flache Sandstrände, Lagunen, auf denen die bunten Segel und Schirme der Wind- und Kitesurfer tanzen – nichts deutet darauf hin, dass Nin im 10. Jh. Ausgangspunkt eines erbitterten Religionsstreits war.**

Im Zentrum dieser Auseinandersetzung zwischen Ost- und Westkirche standen die vorromanische Kirche **Sv. Križ** 1 am Rand der Altstadt von Nin und ihr Bischof **Grgur Ninski**, dessen von Ivan Meštrović (1883–1962) gestaltete **Statue** 2 gegenüber der Kirche einen entschlossenen Kämpfer zeigt. Das Gotteshaus, wahrscheinlich im 9. Jh. erbaut, ist mit seinem kreuzförmigem Grundriss und rechteckiger Apsis ein typisches Beispiel vorromanischer, altkroatischer Architektur. Im jungen kroatischen Königreich war es Sitz des höchsten kirchlichen Würdenträgers.

*Oft wird sie als kleinste Kathedrale der Welt bezeichnet, die Heilig-Kreuz-Kirche von Nin, die im 10. Jh. ihren Rang als Bischofssitz verlor.*

## Westkirche kontra Ostkirche

Im Zuge der Völkerwanderung hatten Slawen im 7. Jh. in etwa das Territorium des heutigen Kroatien erobert und sich, missioniert von den Slawenaposteln Kyrill und Method, bald zum Christentum bekannt. Ihre kirchlichen Würdenträger folgten dem orthodoxen Ritus, lasen die Messen in kroatischer Sprache und schrieben die Kirchenbücher in glagolitischer Schrift. Unter Fürst Tomislav entstand zu Beginn des 10. Jh. und mit Duldung durch Byzanz ein erstes kroatisches Reich. In Rom beobachtete Papst Johannes X. die Entwicklung östlich der Adria. Er witterte die Chance, dessen Christen für die Westkirche zu gewinnen, erkannte Tomislav als König an und ernannte Split zur Erzdiözese. Damit gelangte der lateinische Ritus in die Kirchen Kroatiens.

## Ein König in Nöten

Doch der Papst hatte die Rechnung ohne Grgur Ninski gemacht, in jener Zeit Bischof von Nin und Berater des Königs. Kaum einer seiner Priester war des Lateinischen mächtig; er hätte seinen gesamten Kirchenapparat auflösen und durch Männer des Papstes ersetzen müssen. So nicht! Grgur verweigerte seinem obersten Hirten die Gefolgschaft und brachte damit König Tomislav in Bedrängnis: Schließlich war dieser dem Papst etwas schuldig.

## Grgurs verlorener Kampf

Um den Konflikt zu schlichten, trafen sich 925 und 928 Emissäre des Papstes mit den dalmatinischen Bischöfen und Vertretern des Königs zu zwei Synoden in der Kathedrale von Split. Die Entscheidung fiel zugunsten der lateinischen Liturgie, aber Ninski erhielt das Zugeständnis, dass der einfache Klerus weiterhin die kroatische Sprache benutzen durfte – weshalb die altkroatische Kirchenschrift Glagolica bis heute überdauerte. Den Bischofssitz Nin aber hob man auf und versetzte Grgur nach Skradin.

*Ein wenig ernst blickt er, der Grgur Ninski. Aber er hatte ja auch zeitlebens schwer mit dem Papst zu kämpfen.*

## Ein schlichtes Kirchlein

So erinnert das so harmlos wirkende Gotteshaus an eine wegweisende Entscheidung: Hätte Ninski sich durchgesetzt, wäre Kroatien der orthodoxen Kirche treu geblieben. Mit dem Ja zum lateinischen Ritus wandte sich das Reich dem Westen zu.

---

**INFOS/ÖFFNUNGSZEITEN**

**Sv. Križ** 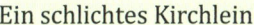 Trg Kraljevac, unregelmäßig geöffnet
**Anfahrt mit eigenem Fahrzeug:** In Nin das Fahrzeug vor der Stadtmauer stehen lassen

---

**KULINARISCHES FÜR ZWISCHENDRIN**

Das Restaurant **Branimir** ❶ (Višeslav trg 2, T 023 26 48 66, Hauptgericht um 80 Kn) neben der Kirche gibt sich edel, besitzt aber eine entspannte Atmosphäre und gute Küche.

---

**SURFEN STATT KIRCHENGESCHICHTE?**

Der ultimative Ort, um das Spiel mit Drachen, Brett, Wind und Wellen zu lernen, ist die flache Meerwasserlagune von Nin. Das **Kiteboarding Croatia** ❶ (Ždrijac Beach, T 091 588 89 12, http://kiteboarding-croatia.com) ermöglicht es Ihnen.

---

# Dugi otok 📖 B/C 6/7

**Schmal und lang liegt Dugi otok – die ›Lange Insel‹ – wie ein urzeitlicher Lindwurmrücken im Meer. Das 44 km lange und zwischen 1,5 und 5 km schmale Eiland ist eine der ursprünglichsten Inseln Dalmatiens.**

Von Božava im Norden führt eine 52 km lange Panoramastraße bis Sali im Süden der Insel – übrigens eine tolle Trasse für Mountainbiker! Und diesen Süden müssen Sie sehen, denn die Inselspitze öffnet sich mit der atemberaubenden Steilküste der Telašćica-Bucht zum offenen Meer.

### WAS TUN AUF DUGI OTOK?

#### Die Insel von Nord nach Süd erkunden

Der kleine Fährhafen **Božava** (📖 B 6) ist Mittelpunkt des Badetourismus im Norden. Hier finden sich mehrere schöne Strände wie der berühmte Feinkiesstrand **Saharun** bei **Soline.** Ein Stück südwärts verbirgt sich gegenüber dem Inselchen Mežanj an der Westküste der bezaubernde Kiesstrand **Veli žal,** vor dem das Wasser türkisfarben schimmert. Aber auch andernorts führen Feldwege von der Hauptstraße zu Buchten hinunter, an denen Schatten rar ist, das Meer sich aber umso karibischer gibt.

In der Nebensaison wirkt **Sali** (📖 C 7), Hauptort des Südens, idyllisch und verschlafen. Der Fischerort lebt dann von einer Konservenfabrik und einer kleinen Werft. Im Sommer ist Sali ein guter Ausgangspunkt für Fahrten zur berühmten, 8 km entfernten **Telašćica-Bucht** (s. u.).

#### Auf Felsenkliffs klettern

Die zum Naturpark erklärte, 8 km tiefe und schmale **Telašćica-Bucht,** der **Park prirode Telašćica** (www.telascica.hr, 40 Kn) am südlichen Ende von Dugi otok, gilt als eine der bestgeschützten Ankermöglichkeiten der Adria. Zwischen den beiden sich weit nach Südosten streckenden Landzungen bildet sie einen von zahllosen kleinen Buchten, Kaps und Inselchen strukturierten ›Kanal‹.

Vom Sitz der Naturparkverwaltung an der Bucht führt ein Pfad bergauf zum fantastischen **Aussichtspunkt** über den Klippen, die 160 m nahezu senkrecht ins Meer stürzen, als hätte eine Riesenhand ein Stück abgebrochen. Möwen und Felsentauben tanzen vor ihr im Wind und nach Süden tauchen weitere kleine und große Inseln aus dem Wasser auf, die zur offenen See hin ähnliche Formen aufweisen. Tatsächlich ist das Land nach tektonischen Verschiebungen einfach abgebrochen und im Meer versunken.

Zurück an der Bucht können Sie dann knapp 2 km entlang der Landzunge **Priseka** weiterspazieren bis zum **Jezero Mir.** Das Wasser des Salzsees ist 6 °C wärmer als das der Bucht und super für den frühsommerlichen Badespaß. Und der Blick auf das mit weißen Segeln gesprenkelte, tiefblaue Meer und die kahlen Rücken der Kornaten dahinter – unvergesslich!

### SCHLEMMEN & SCHLAFEN

 **In fremden Betten**

Sowohl was Übernachtung als auch Essen angeht, ist das Angebot auf Dugi otok durchaus ausbaufähig. Entweder Sie mieten privat oder wählen eine der beiden Alternativen:

#### Nochmal zur Schule
**Amarcord Skola**
Das ehemalige Schulhaus von Veli Rat hat sich in ein charmantes B&B mit Doppel- und Mehrbettzimmern verwandelt. Nostalgisch, hübsch, ruhig und nur 1 km vom Traumstrand Sakarun gelegen.
Podanak 3, Veli Rat, T 091 348 8914, https://amarcordgroup.wordpress.com/skola/, DZ/ÜF um 500 Kn

### Die Qual der Wahl
**Maxim**
Das modernisierte Haus gehört zwar zu einem größeren, unattraktiven Hotelkomplex beim Ort Božava, ist aber die beste und angenehmste Option im Norden der Insel. Mit schönem Poolbereich und Kinderspielplatz.
Božava, T 023 29 12 91, www.hoteli-bozava.hr, DZ/ÜF um 900 Kn

 **Satt & glücklich**

### Fischgenuss am Hafen
**Konoba Roko**
Roko zählt zu den wenigen Konobas auf Dugi otok, die fast jeden Gast begeistern– mit frischem, fein gegrilltem Fisch.
Zaglav 28, T 098 62 71 33, Hauptgericht um 100 Kn

### Fisch satt in Sali
**Spageritimo**
Spezialitäten des hübsch und ruhig an der Marina gelegenen Lokals sind gefüllter Pulpo und Thunfisch.
Hafen, Sali, T 023 37 72 27, Hauptgericht um 120 Kn

### Improvisiert und gut
**Taverna Goro**
Die *konoba* an der Telašćica-Bucht öffnet nur in der Saison und serviert ihren Gästen natürlich Fisch. Wenn Sie einen Platz finden, dann bestellen Sie doch *brodetto,* einen köstlichen Fisch- und Meeresfrüchtetopf!
Telašćica-Bucht, T 098 85 34 43, www.taverna goro.com, Hauptgericht um 140 Kn

 **Sport & Aktivitäten**

### Unter Wasser
**Tauchschule Božava**
Die Unterwasserwelt um den Telašćica-Naturpark ist kunterbunt und artenreich – Grund genug, das Tauchen bei dieser deutschsprachigen Basis zu lernen oder die erfahrenen Instruktoren auf Exkursionen zu begleiten.
T 023 31 88 91, www.bozava.de

### Über Land
**Radtouren**
Auf der Insel sind zahlreiche Fahrradstrecken ausgewiesen; eine kostenlose Karte verteilen die Tourist-Infos. Fahrräder können Sie z. B. in der Gelateria Conteš in Sali (Porat 1, T 098 33 11 84, 150 Kn/Tag, Mountainbike 230 Kn/Tag) ausleihen – oder in der Filiale in Božava.

### INFOS UND TERMINE

**❶ Infos**
**www.dugiotok.hr:** Website des Tourismusverbandes der Insel

*Nicht per Boot unterwegs? Schade, denn an Bord zu relaxen und den Blick aufs Meer und die Inselsilhouetten zu genießen, ist wunderbar entspannend.*

**TZ Božava:** am Hafen von Božava, T 023 37 76 07, Sommer tgl. 8–21, Winter Mo–Sa 8–15 Uhr
**TZ Sali:** Obala Petra Lorinja bb (am Hafen), T 023 37 70 94, Zeiten wie TZ Božava

### ❶ Termine
**Saljske užance:** Am 1. Aug.-Wochenende feiert Sali ein großes Inselfest mit Folkloretänzen, Eselrennen, kulinarischem Angebot und der traditionellen *tovareća mužika*, der Eselsmusik, die mit Trommeln und Hörnern mehr Krach als Musik ist.

### ❶ Verkehr
**Fähre:** Verbindungen von Zadar nach Brbinj und Božava (www.jadrolinija.hr), Katamarane von Zadar nach Sali und Zaglav (www.gv-zadar.com).

# Kornati-Nationalpark

🗺 C/D 7

**An keiner anderen Stelle der kroatischen Küste ist die Entstehung der dalmatinischen Inselwelt so augenfällig wie im Kornaten-Archipel, dessen über 150 Eilande und Riffe, die Gipfel versunkener Berge, das Meer sprenkeln.**

Von Land aus betrachtet erschließt sich dies nicht, denn die Kornaten liegen mit fast 20 km bzw. 10 Seemeilen ein gutes Stück vom dalmatinischen Festland entfernt; erst eine Bootstour in den zum Nationalpark erklärten Archipel (▶ S. 40) südlich von Dugi otok öffnet die Augen für die ungewöhnliche Stimmung des kargen Inselreichs.

........................................................
## WAS TUN AUF DEN KORNATEN?
........................................................

**Ausflugsfahrten per Boot** bieten zahllose Veranstalter in Zadar, Biograd na Moru oder Vodice an. Ich wähle meist

das vom Festland über eine Hebebrücke erreichbare **Murter** als Ausgangspunkt:

### Spurensuche auf Murter
Auch viele Jachten laufen die Insel **Murter** (🗺 D 7) an, weshalb im Sommer freie Liegeplätze eine Rarität sind. Dennoch hat der Inselhauptort Murter Ursprünglichkeit bewahrt. Im Altstadtkern **Stari Murter** mit schmalen Gassen und überwölbten Durchgängen sind die moderne Marina und die Ferienhäuser schnell vergessen.
Die Werften des Nachbarorts **Betina** gehören einheimischen Familien. Sie halten die Tradition des Schiffsbaus hoch und zimmern die Holzsegelboote, *gajete*, die u. a. am ersten Julisonntag an der malerischen Prozession zur Kapelle Gospa od Tarca auf der Insel Kornat teilnehmen.

### Ausflugsfahrt per Boot
**Zwischen Wasser und Land – die Kornaten:** ▶ S. 40

........................................................
## SCHLEMMEN & SCHLAFEN
........................................................

###  In fremden Betten

#### Gutbürgerlich-komfortabel
**Borovnik**
Schnörkellos, gut, aufmerksam geführt und in Tisno (im auf Murter gelegenen Teil) am Meer liegt das Borovnik. Zum Haus gehört eine nette Pizzeria. Nach geplantem Umbau und Upgrading könnten die Preise steigen
Trg Šime Vlašića 3, Tisno, Insel Murter, T 022 43 97 00, www.hotel-borovnik.com, DZ/ÜF um 700 Kn

#### Familiäres Hotel mit Ausblick
**Murter**
Das Tolle an diesem Hotel ist die Lage auf einem Hügel. Hier liegt den Gästen die Inselwelt der Kornaten zu Füßen. Die Zimmer sind einfach, aber gemütlich eingerichtet. Und das Brüderpaar, das dieses Haus führt, ist ungemein engagiert!

*Karg und kahl, dabei von ganz eigenem Reiz, erwarten die Karstformationen der Kornaten die Besucher des Nationalparks.*

Nerezine bb, Murter, T 022 43 45 00, www. hotelmurter.com, DZ/ÜF um 850 Kn

 **Satt & glücklich**

### Pizza satt
**Zameo ih vjetar**
Das gemütliche Restaurant serviert neben Pizza aus dem Holzofen auch leckeren Fisch und Meeresfrüchte.
Hrvatskih vladara 5, Murter, T 022 43 44 75, Pizza um 75 Kn

### Dalmatinisch
**Fine Food Murter**
Modern interpretierte dalmatinische Küche, und die schmeckt wirklich fein. Das Konzept des Familienbetriebs ist erfolgreich, auch dank des schick-rustikalen Ambientes.
Majinova 5, Murter, T 091 121 00 93, www. finefoodmurter.com, Hauptgerichte um 140 Kn

### Fisch und Fleisch vom Grill
**Konoba Boba**
Das edle Restaurant auf halbem Weg zwischen Marina und Ortszentrum von Murter ist vor allem bei Skippern beliebt, was sich im Preisniveau ausdrückt – dafür bekommt man allerdings auch gute, frische Küche.
Butina 20, Murter, T 098 948 52 72, www.konoba boba.hr, Hauptgerichte um 180 Kn

 **Sport & Aktivitäten**

### Bootstouren
S. 40

### Strände
Einen hübschen Feinkiesstrand finden Sie in der **Bucht von Slanica.** Ansonsten gilt: Die meisten Strände sind nur vom Meer aus zugänglich.

### Unters Wasser
**Najada Diving**
Was unter Wasser alles so los ist! Der Nationalpark lockt mit großem Artenreichtum, tollen Steilwänden und mehreren Wracks. Najada gibt Tauchkurse und begleitet Exkursionen.
Put Jersan 17, Murter, T 022 43 56 30, www. najada.com

# # 5

# Zwischen Wasser und Land – **die Kornaten**

**Der englische Dramatiker George Bernard Shaw war so beeindruckt von den Kornaten, dass er in ihnen Gottes letzten Schöpfungsakt sah, geformt aus Tränen, Sternen und Seufzern. Und aus sehr viel Stein, möchte man anfügen; die Faszination und archaische Schönheit dieses Paradieses aus Kalkstein und Macchia erschließt sich nur vom Meer aus.**

Doch individuell lassen sich die Inseln nicht besuchen, es sei denn mit eigenem Boot! Kurzum: Auch wenn Sie nicht gerne Gruppenausflüge unternehmen – an einer organisierten Schiffstour durch den Archipel führt diesmal kein Weg vorbei.

## Ein Archipel entsteht

Wie das Festlandgebirge bestehen auch die rund 150 Kornateninseln aus Dolomit- und Kalkstein. Karstformationen wie Höhlen, Einbruchtrichter und *polje* prägen die Eilande; auch unter Wasser gibt es zahlreiche Ausspülungen. Deshalb liegt die Vermutung nahe, dass die Kornaten – wie die übrigen kroatischen Inseln – ursprünglich Teil des Festlands waren und das Meer sie überflutet hat. Tatsächlich stieg zum Ende der letzten Eiszeit vor 15 000 Jahren der Pegel der Adria durch Eisabschmelzungen um 120 m! Und exakt 120 m misst der tiefste unterseeische Punkt des Archipels.

## Zur Mauer der Riesen

Vom **Hafen in Murter** steuert das Boot nach Westen auf die **Insel Kornat** zu, fährt durch den **Kornatski kanal** 1 an ihr entlang und weiter zu **Felskliffs und Inselchen,** die ein Stück südwestlich einen Riegel zum offenen Meer bilden. Sie sehen aus, als seien die Küstenfelsen einfach abgebrochen. Die Kornatenbewohner nennen diese Kliffs *kruna,* Krone. Auf der **Insel Kolobučar** 2 ist die Krone 82 m hoch! Vom Boot aus wirkt sie, als stünde man im Schatten einer von Riesen aufgetürmten Felsmauer! Verantwortlich für die scharfe Kante waren Verschiebungen der Eurasischen und Afrikanischen Platten,

*Auch Esel müssen ab und an übers Meer, wollen aber nicht immer an Bord.*

**ÜBRIGENS**

Alle Eilande sind mit Trockenmauern parzelliert. Hier und da ist ein einfaches Steinhaus zu sehen, sogar Olivenpflanzungen existieren auf den gänzlich unfruchtbar wirkenden Böden. Alleine auf dem Gebiet des Nationalparks verlaufen 32 km Trockenmauern. Noch heute sind die Inseln zu 90 % im Besitz von Familien aus Murter.

die für die Abbrüche sorgten. In den Felsen nisten Möwen, Kormorane und Graufalken, die gelben Blüten der endemischen *Centaurea ragusina* setzen Farbtupfer ins steinerne Farbeinerlei.

## Pause im Paradies

Nautiker lieben die Kornaten wie wenige andere Inselgruppen Kroatiens. Die **Buchten Vrulje** 3 und **Opat** 4 auf **Kornat,** die **Marina von Piškera** 5 und viele andere Anlegestellen sind mit kleinen Lokalen und Infrastruktur auf die Bedürfnisse der Bootsfahrer ausgelegt. Auch Ihr Ausflugsboot wird nun irgendwo für Imbiss und Badepause anlegen, bevor es zurücktuckert nach Murter. Genießen Sie kristallklares Meer, frisch gegrillten Fisch und die Kulisse von »Gottes letztem Schöpfungsakt«. George Bernard Shaw hatte gar nicht so unrecht.

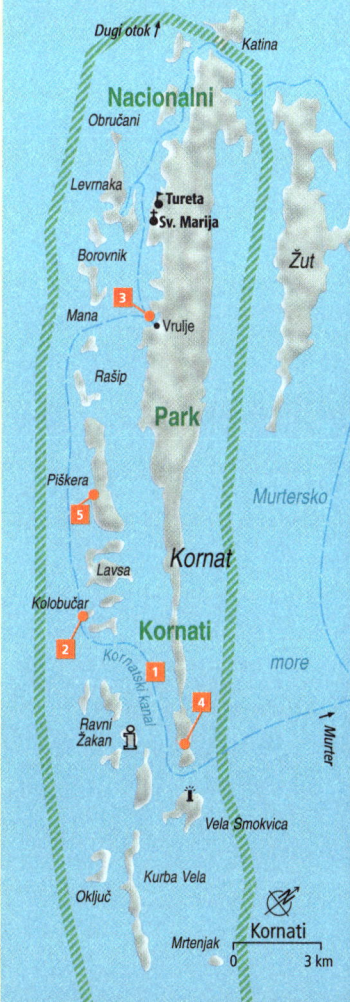

──────────────────

INFOS/ÖFFNUNGSZEITEN

**Nacionalni park Kornati:** Butina 2, Murter, T 022 43 57 40, www.np-korna ti.hr. Mit detaillierten Infos zur Anreise mit dem eigenen Boot.
**http://kornati.novena.hr:** Hier können Sie sich virtuell von Insel zu Insel und von Bucht zu Bucht beamen.
**Bootstouren in den Nationalpark:** Mehrere Agenturen in Murter bieten Ausflüge an, u. a. **Arta** (Podvrtaje 65, Murter, T 022 43 65 44, www.murter-kornati. com, ab Hafen Murter, Juli/Aug. tgl. 9 Uhr, Rückkehr 18 Uhr, Mai/Juni, Sept./Okt. nur wenn Gruppentouren stattfinden und Platz für Einzelpersonen ist, um 300 Kn/ Person, 5–12 Jahre die Hälfte; inkl. Eintritt, Mittagessen).
**Anfahrt Murter:** Von Zadar, Biograd und Vodice sowie weiteren Küstenorten bestehen öffentliche Busverbindungen nach Murter (www.buscroatia.com).

**Faltplan:** C/D 7 | Organisierte Bootstour ab Hafen Murter, Insel Murter

**ÜBRIGENS**

Man mag es nicht glauben, aber das kleine, verschlafene Städtchen **Tisno** (🗺 D 7), an der Brücke vom Festland nach Murter, ist Veranstaltungsort von Top-Musikfestivals der **Elektro- und Danceszene.** Der Zadarer Club **The Garden** hat sich hierfür eine Privatbucht gesichert, in der Besucher auch gleich in ›hauseigenen‹ Apartments oder auf einem Campingplatz unterkommen. Alle Infos hierzu auf https://thegarden. hr/venues/the-garden-resort/.

## INFOS

**TZ Murter:** Rudina bb, Murter, T 022 43 49 95, www.tzo-murter.hr, Sommer tgl. 8–22, Winter Mo–Sa 8–16 Uhr

# Šibenik 🗺 E 7

**München ist mehr als nur die Frauenkirche und Berlin mehr als das Brandenburger Tor. Wenn man eine Stadt auf ihr markantestes Bauwerk reduziert, tut man ihr fast immer unrecht. So ähnlich ergeht es Šibenik. Seine Kathedrale, zweifelsohne ein genialer Bau, überstrahlt alles. Was aber ist mit dem Rest der Stadt, die immerhin 42 000 Einwohner zählt?**

Šibenik liegt höchst ungewöhnlich in einem Labyrinth aus Inseln, Halbinseln und Lagunen an der Mündung des Flusses Krka. Wegen des geschützten Hafens machte sich Venedig die Stadt im 15. Jh. untertan und aus dem gleichen Grund haben die Osmanen des Öfteren Šibenik belagert. Die wuchtige Festung Sv. Mihovil wacht nicht umsonst über die Altstadt! Sein wirtschaftliches Fundament, Hafenanlagen und Aluminiumindustrie, verlor Šibenik in den Kroa-

tienkriegen durch serbisches Bombardement. Heute wirkt der Hafenbereich, als warte er auf bessere Zeiten.

## WAS TUN IN ŠIBENIK?

Natürlich ist die berühmte Kathedrale Sv. Jakova von Juraj Dalmatinac das Highlight – schließlich ist sie UNESCO-Weltkulturerbe. Und als Mittelpunkt der Altstadt führt ohnehin kein Weg an ihr vorbei. Aber vielleicht haben Sie außerdem Lust, einfach durch die Altstadt zu bummeln oder die Stadt aus der Vogelperspektive zu erleben?

### Šibenik von oben bewundern
Mein Vorschlag für den Einstieg ist die **Festung Sv. Mihovil 1** (Tvrđava svetog Mihovila), denn von ihr bietet sich ein herrlicher Blick über Stadt und Meer und Sie verstehen auch gleich, hinter was für einem Irrgarten aus Wasserarmen sich die Stadt versteckt. Enge Gassen und Treppen klettern am **Friedhof** vorbei bergan zum 70 m hohen Hügel mit dem **Fort**, das die Venezianer im 16. Jh. auf byzantinischen Fundamenten errichteten und von dem nur die Außenmauern überdauerten.
Zagrade 21, www.tvrdjava-kulture.hr, tgl. Juni–Aug. 9–22, April, Mai, Sept. 9–20, März, Okt. 10–18, Nov.–Feb. 9–16 Uhr, Winter 30 Kn, Sommer 60 Kn

### Altstadtbummel zum Ersten
Bergab läuft es sich von der Festung ganz entspannt durch Treppengassen zur Ulica Sv. Luce und den Strme stube mit dem Kloster **Sv. Lovre 2**, dessen **Kirche** (Andrije Kačića Miošića 11, unregelmäßig geöffnet) den dalmatinischen Mischstil aus Gotik und Renaissance zeigt.
Auf dem Weg weiter bergab passieren Sie den Platz der Vier Brunnen – **Trg četiri bunara 3**. Wie in Zadar verbirgt sich unter dem Brunnenplatz eine große, städtische **Zisterne.** Hier stehen auch Tische des edlen Restaurants **Pelegrini 1** (▶ S. 47). Dann durchschreiten Sie einen romantischen **Durchgang** und stehen auf einem der schönsten Stadtplätze der kroatischen Adriaküste, dem **Trg Re-**

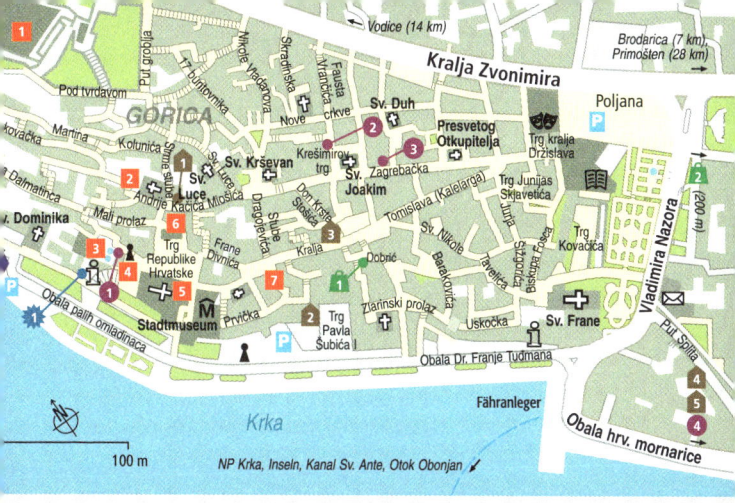

# ŠIBENIK

## Sehenswert
1 Festung Sv. Mihovil
2 Sv. Lovre
3 Trg četiri bunara
4 Denkmal für Juraj Dalmatinac
5 Kathedrale von Šibenik (Sv. Jakova)
6 Ehemalige Stadtloggia / Gradska vijećnica
7 Aquarium

## In fremden Betten
1 Hostel Lovre
2 Hotel Jadran
3 King Krešimir
4 D Resort
5 Hotel Spongiola

## Satt & glücklich
1 Pelegrini
2 VINO & INO
3 Restoran No. 4
4 Zlatna Ribica

## Stöbern & entdecken
1 Galerija Dana
2 Pijaca (Markt)

## Wenn die Nacht beginnt
Club Azimut

## Sport & Aktivitäten
1 Stadtstrand Banj

---

publike Hrvatske. Ein modernes **Denkmal für Juraj Dalmatinac** 4 feiert hier den Baumeister, dessen **Kathedrale** 5 (▶ S. 44) den Platz beherrscht. Ihr gegenüber steht die **Stadtloggia** 6 aus der Mitte des 16. Jh., die heute ein **Speiselokal** beherbergt. Wenn nicht gerade Zeit fürs Mittag- oder Abendessen ist, hat niemand etwas dagegen, wenn Sie sich an einen der Tische im Freien setzen, einen Espresso bestellen und Platz und Kirche auf sich wirken lassen!

### Sinn fürs Menschliche
**Kathedrale von Šibenik** 5: ▶ S. 44

### Altstadtbummel zum Zweiten
Von der Kathedrale führt die Hauptgasse der Altstadt, die **Ulica Kralja Tomislava** (vom Volksmund Kalelarga genannt) immer noch etwas bergab nach Osten. Sie wird gesäumt von Geschäften, Restaurants, Eisdielen, … biegen Sie mal hier treppauf ein, wenden Sie sich dort treppab; werfen Sie einen Blick in einen offenen Durchgang zum Innenhof, achten Sie auf die teils noch wunderbar erhaltenen, spätgotischen Hauseingänge. Verirren können Sie sich nicht, wenn Sie nicht weiterwissen, fragen Sie einfach nach der Kalelarga!

Irgendwo zweigt die Gasse **Dobrić** hinunter zum Hafen ab und etwa auf halbem Weg verbreitet sie sich zu einem **Platz,** auch er über einer ehemaligen Zisterne. Der hübsche Brunnen verweist noch auf den früheren Zweck.

# Sinn fürs Menschliche – **die Kathedrale von Šibenik**

**Was empfinden Sie angesichts der berühmten, zum UNESCO-Welterbe zählenden Kathedrale von Šibenik? Interessant? Bewegend? Schön? Oder doch eher einschüchternd? Das mächtige Gotteshaus lässt Šibeniks Stadtplatz viel zu eng erscheinen. Und das, obwohl Baumeister Dalmatinac in seine Trickkiste gegriffen hat.**

# 6

»Kommen Sie ruhig näher«, hätte er wohl gesagt, »sehen Sie die Porträtköpfe entlang der Apsiden? Das hier ist der reiche Kaufmann Babić und der daneben ist Loredan, der Repräsentant Venedigs. Er sieht ein bisschen aus wie ein Fuchs, oder? Und hier ist mir doch das hämische Grinsen des Stadtherrn Savanović ganz wunderbar gelungen! Und ich denke, die Kathedrale sieht so gleich viel menschlicher aus! Finden Sie nicht?«

*Bildhauerisches Können, ein wenig Ironie – und schon gewinnt ein strenger Bau ein wenig Menschlichkeit.*

## Nut, Feder, Stein

Der aus Zadar gebürtige Architekt war inspiriert von der Begegnung mit der toskanischen Renaissance und empfand sie als Befreiung von den Zwängen der Gotik. Doch als er 1441 den Bau der **Kathedrale Sv. Jakova** 5 in Šibenik übernahm, fand er die künstlerischen Fesseln der Gotik vor, etwa am fein gearbeiteten und doch so abweisend strengen Portal. Dalmatinac hat es stehen gelassen, aus Respekt vor seinen Vorgängern. Doch es sprach nicht seine künstlerische Sprache.

Folglich stellte der Meister den restlichen Bauplan um. Dem gotischen Langhaus fügte er ein Querschiff an und krönte die Vierung mit einer Kuppel. Revolutionär war die Entscheidung, ausschließlich aus Stein zu bauen. Eigens dafür erdachte Dalmatinac ein System von vorgefertigten Steinplatten, die er wie Fertigbauteile mit Nut und Feder zusammengesteckt in die Gewölberippen einpassen konnte. Nur so machte er die freitragende Kuppel und das Tonnengewölbe möglich.

*ÜBRIGENS*

Juraj Dalmatinac (1410–75) erfuhr seine Ausbildung in Venedig und arbeitete danach in seiner Heimat Dalmatien, aber auch in Venedig und Ancona. Er ist unter verschiedenen Namen bekannt, etwa Georgius Mathei Dalmaticus, Giorgio di Sebenico, Giorgio di Matteo oder Giorgio Orsini.

*Erfindergeist bewies Dalmatinac, um der Kathedrale ihre freitragende Kuppel aufzusetzen.*

## Experiment am Bau

Das reich gemeißelte Gewölbe des Baptisteriums unter der südlichen Apsis etwa fügt sich aus neun solcher Platten. Auch die Ausgestaltung spricht die Sprache des Aufbruchs. Entgegen dem in der Gotik üblichen Bildprogramm blickt Gottvater auf die Taufe. Christus ist ›nur‹ in Gestalt des Täuflings anwesend.

## Die Winde der Heimat

Unglücklicherweise sind die Details am Schmuckfries, der den Kirchenraum unterhalb der Galerie rahmt, nur mit dem Fernglas zu erkennen: Dalmatinac hat die Winde seiner Heimat dargestellt, die von Nordwesten stürmende, kalte Bora und den warmen Jugo aus dem Süden, eingefangen in den jeweils charakteristischen, steinernen Wellen, die sie im Meer auslösen. Man mag auch diesen Fries als persönliche Signatur Juraj Dalmatinacs lesen, der stets seiner Heimat und ihrer oft ungestümen Natur verbunden blieb.

Die symbolische Verschmelzung von Täufling und Gottessohn lässt viele Eltern bevorzugt das Baptisterium der Šibeniker Kathedrale für die Taufe ihre Kindes wählen; alle möchten, wenn auch nur für einen kurzen Moment, einen kleinen Christus im Arm halten.

---

**INFOS/ÖFFNUNGSZEITEN**
**Katedrala Sv. Jakova:** Trg Republike Hrvatske (oberhalb der Uferpromenade, Altstadt), tgl. Juni–Aug. 8.30–20.30, Ostern–Mai, Sept.–Nov. bis 19.30 Uhr, 30 Kn

**KULINARISCHES FÜR ZWISCHENDRIN**
Als Logenplatz gegenüber der Kathedrale wie auch als feines Restaurant empfehle ich die **Gradska vijećnica** `6` (Trg Republike Hrvatske 3, T 022 21 36 05, Hauptgericht um 120 Kn).

**Faltplan:** E 7 | **Cityplan:** ▶ S. 43

*Auch das gibt es in Šibenik, im Pelegrini – Bečki tartar, feinstes Rindertatar mit Wachteleiern, elegant und farbenfroh arrangiert.*

### Nicht nur für Kinder

Wem nicht so nach Bummeln oder Shopping ist (Kindern zum Beispiel), dem sei das Šibeniker **Aquarium** **7** ans Herz gelegt. Es ist nicht sehr groß, zeigt aber interessante Bewohner der Adria und tropischer Meere.

Kralja Tomislava 15a, T 099 212 58 19, www. aquariumsibenik.com, Sommer 10–21 Uhr, 40 Kn

## SCHLEMMEN, SHOPPEN, SCHLAFEN

 **In fremden Betten**

### Auszeit im Kloster
**Hostel Sv. Lovre** **1**

Zwar gibt es in diesem Hostel in einem ehemaligen Kloster fast nur Mehrbettzimmer, aber die sind hell und freundlich eingerichtet (DZ auf Anfrage). Der absolute Clou ist der mediterrane Kräutergarten im Innenhof.

Ul. Andrije Kačića Miošića 11A, T 098 34 11 98, www.hostellovre.com, Bett um 140 Kn

### Schöne Aussichten
**Hotel Jadran** **2**

Hier besticht die Lage: im Rücken die Altstadt, vor dem Haus Uferpromenade und Meer. Aber trotz Facelifting ist die Vergangenheit als sozialistische Bettenburg noch zu spüren.

Obala dr. Franje Tuđmana 52, T 022 24 20 09, www.rivijera.hr, DZ um 500 Kn

### Am Puls der Altstadt
**King Krešimir** **3**

Fünf elegante Zimmer und eine Suite machen das zentrale Haus zu einem individuellen Hotel mit Adelsflair. Für den Zeitgeist sorgen ein paar schrille Tupfer.

Dobrić 2, T 022 42 74 61, www.hotel-king kresimir.com, DZ/ÜF um 800 Kn

### Ein Luxusliner an Land
**D Resort** **4**

Dieses Bild schwebte dem prominenten Architekten vor, und er hat es genial umgesetzt. Weiße, klare Linien, in den Zimmern kroatische Kunst an den Wänden, im Restaurant speist man wie auf einem Schiffsbug mit unbegrenztem Meerblick natürlich nur das Feinste und Beste, eine fantastische Bar auf dem Dach – wen auch nicht gerade billig!

Obala Jerka Šizgorica 1, T 022 33 14 52 www. dresortsibenik.com, DZ/ÜF ab 1400 Kn

### Inselfeeling, nicht nur für Taucher
**Hotel Spongiola** **5**

Wie wäre das: eine winzige Insel im

Šibeniker Archipel, ein schickes Hotel am Meer, eine Tauchschule. Die Insel Krapanj (📖 E 8), eine kurze Überfahrt von Brodarica (7 km südöstlich vom Šibeniker Zentrum) entfernt, besitzt eine lange Tradition im Schwammtauchen und eine intakte Unterwasserwelt. Im Hotel träumen Sie nicht nur den vorbeischippernden Booten hinterher, sondern tauchen auch kompetent angeleitet unter.

Obala I, Krapanj, Brodarica, T 022 34 89 00, www.spongiola.com, DZ/ÜF um Kn

##  Satt & glücklich

### Innovativ in fantastischer Lage
**Pelegrini** ❶
Wenn Sie Lust auf etwas Besonderes verspüren, sind Sie hier richtig. Das Pelegrini zählt zu den besten und innovativsten Speiselokalen Dalmatiens. Dazu kommt die tolle Lage mit Tischen auf dem Brunnen- und dem Kirchenplatz.

Jurja Dalmatinca 1, T 022 21 37 01, https://pelegrini.hr/, Do–Sa 12–22, So 12–18 Uhr, 4-Gänge-Menü um 700 Kn

### Logenplatz an der Kathedrale
**Gradska vijećnica** ❻ ▶ S. 45

### Wein und Häppchen
**VINO & INO** ❷
Eine sehr entspannte Weinbar mit mehr als 50 Weinsorten, dazu legere Stimmung und feine kroatische Tapas.

Fausta Vrančića bb, Mobil-T 091 250 60 22, www.vinoiino.hr, Tapas um 50 Kn

### Gassenomantik
**Restoran No. 4** ❸
Eine schmale Gasse, ein lauschiger Innenhof – im No. 4 speisen Sie sehr romantisch und freundlich umsorgt feine dalmatinische Küche, wie etwa Risotto mit Meeresfrüchten.

Trg Dinka Zavorovića 4, T 095 442 25 55, Hauptgericht um 110 Kn

### Pittoresk in Brodarica
**Zlatna Ribica** ❹
7 km vom Zentrum Šibeniks am Kanal zur Lagune Morinje stehen kleine Fi-scherhäuschen aufgereiht, dazwischen verwöhnt das Lokal mit Terrasse seine Gäste mit ausgezeichneter Fisch- und Meeresfrüchteküche. Auch Gästezimmer!

Krapanjskih Spužvara 46, Brodarica, T 022 35 03 00, www.zlatna-ribica.hr, Hauptgerichte um 95 Kn, DZ/ÜF um 550 Kn

##  Stöbern & entdecken

### Kunst und Krempel
**Galerija Dana** 🏛
Natalija Klarica verbindet in ihrer kleinen Altstadtgalerie künstlerisches Schaffen mit kunsthandwerklicher Nebentätigkeit. Manches ist echt kitschig, vieles aber auch spannend.

Dobrić 4, T 022 21 20 47, Mo–Fr 9.30–20, Sa 9.30–13 Uhr

### Auf den Markt
**Pijaca** ❷
Wer in Šibenik eine Familie zu füttern oder Gäste zu bekochen hat, für den ist der Marktbesuch Pflichttermin. Hier gibt es das frischeste Obst und Gemüse, den besten Fisch, den aromatischsten Käse … jede Menge tolle Fotomotive!

Stankovačka 9, Mo–Fr 6–13, Sa 6–11 Uhr

##  Wenn die Nacht beginnt

### Alternative Szene & Kultur
**Azimut Club** ✴
Dieser Club bündelt Šibeniks kreative Kräfte. Er ist Theaterbühne, Kneipe, Ausstellungsraum und die Location für Livekonzerte.

Obala palih omladinaca 2, www.facebook.com/pg/Azimut.sibenik, So–Do 9–1, Fr/Sa bis 2 Uhr

##  Sport & Aktivitäten

### Baden mit und ohne Fiesta
Der **Stadtstrand Banj** ❶, 1 km nördlich der Altstadt, wurde vor einigen Jahren umgestaltet – vom Beachvolleyballfeld bis zum Kinderspielplatz ist alles auf dem neuesten Stand. An den Wochenenden fahren die Šibeniker gern zum ca. 30 km

**ÜBRIGENS**

Direkt gegenüber der Altstadt fließt der **Kanal Sv. Ante** – eigentlich der Flusslauf der Krka – von der Lagune von Šibenik ins offene Meer. Dort wo heute die **Ruine des Wachturms** steht, versperrten die Bewohner früher bei Gefahr die Hafenzufahrt mit einer Kette. Heute zählt der Kanal zu den beliebtesten **Joggingstrecken** der Šibeniker, und seine Buchten gehören zu den bevorzugten **Badezielen.**

entfernten, 800 m langen Kiesstrand **Raduca** nach Primošten (▶ S. 49). Ein beliebter Partystrand ist **Plava** in Vodice, 14 km westlich von Šibenik. Alle drei sind Kiesstrände. Zu beiden Orten bestehen gute Busverbindungen.

### INFOS

**TZ Šibenik:** Obala palih omladinaca 3, T 022 21 44 11, www.sibenik-tourism.hr, April–Juni, Sept. tgl. 8–21, Juli/Aug. tgl. 8–22, Okt./Nov. Mo–Sa 8–21, Winter Mo–Fr 8–15 Uhr
**Fähren:** T 022 21 34 68, www.jadrolinija.hr. Mindestens 1 x tgl. sind die Šibenik vorgelagerten Inseln mit dem Schiff erreichbar. Im Fährhafen starten in der Saison auch Boote zum Haupteingang des Krka-Nationalparks.

### IN DER UMGEBUNG

#### Greifvögel im Falknerzentrum
Das 8 km östlich gelegene **Sokolarski Centar Dubrava** (🗺 E 7) empfehle ich, weil es sich nicht um den dramatischen Effekt kühner Flugshows kümmert, sondern um die Rehabilitierung und Auswilderung verletzter Greifvögel wie etwa Falken, Bussarde und Uhus. Für angemeldete Gruppen gibt es zwar auch Flugvorführungen, individuelle Besucher begnügen sich aber mit der Beobachtung der gefiederten Patienten in ihren Volieren.
Dubrava kod Šibenika, Škugori bb, T 091 506 76 10, tgl. 10–17 Uhr, Flugvorführung stdl., 50 Kn

#### Nationalpark am Fluss
Der **Nacionalni park Krka** (🗺 D–E 7), ca. 15 km nordöstlich von Šibenik, ist eine Art kleiner Bruder des Plitvice-Nationalparks (▶ S. 21). Mit 111 km² erstreckt es sich entlang der Krka, die bei Knin entspringt, auf ihrem 72 km langen Lauf durch den Karst 242 Höhenmeter verliert und sich bei Šibenik ins Meer ergießt. Das kalkhaltige Wasser des Flusses hat über die Zeiten Terrassen, Schwellen und Vorhänge geformt, die dichtes Grün überwuchert. Hauptattraktion sind die **Wasserfälle von Skradinski buk,** an denen die Krka auf 800 m Länge, zwischen 200 und 400 m breit, insgesamt 45 Höhenmeter und 17 Travertinstufen hinabplätschert und in einen See stürzt. Glücklich der, der Badesachen dabei hat: Baden erlaubt! Zugänglich ist dieser Bereich von den Eingängen Lozovac und Skradin aus. Ein eiliger Besucher ist mit dieser Sehenswürdigkeit gut unterhalten, hat aber von den eigenwilligen Reizen des Nationalparks nicht allzu viel mitbekommen.
Wer mehr Zeit hat, sollte von den Wasserfällen per Ausflugsschiff weiter landeinwärts fahren. Weitere Wasserfälle wie der 22,5 m hohe **Roški slap** sind durchaus sehenswert. Doch mitten im Nationalpark liegen auch die **Klosterinsel Visovac** mit einem Konvent aus dem 15. Jh. und einem bezaubernden Garten sowie das serbisch-orthodoxe **Kloster Krka** mit romanischem Glockenturm und Kreuzgang. Beide Stätten sind nicht nur kunsthistorisch bedeutend, sondern Zeugnisse christlichen Beharrens im häufig von Osmanen attackierten Grenzland.

#### ❶ Infos
**Nacionalni park Krka:** Trg Ivana Pavla II br. 5, Šibenik, T 022 20 17 77, www.npkrka.hr, tgl. Nov.–Febr. 9–16, März, April, Okt. 9–17, Mai, Sept. 8–19,

Juni–Aug. 8–20 Uhr, je nach Saison
30–200 Kn

### ❶ Verkehr
Ab dem **Eingang Lozovac** fahren
Shuttlebusse zu den Fällen von Skradinski buk (im Eintrittspreis inbegriffen).
Ab **Skradin** fahren Schiffe zu den Fällen
(März–Okt. 8–17 Uhr, alle halbe Std.,
im Winter stündlich; im Eintrittspreis
inbegriffen).

### Fotogener Küstenort mit Wein
So fotogen wie **Primošten** (🗺 E 8) sind
nicht viele Küstenorte: tropfenförmige
Halbinsel, verwinkelte Altstadt und am
höchsten Punkt Friedhof und Kirche. In
den Gassen Restaurants, Cafés, Boutiquen
und auf dem Festland gegenüber Ferienhäuser am flach auslaufenden Kiesstrand.
Ein bisschen Shoppen, ein Espresso mit
Meerblick, ein Sprung in die Adria – fertig
ist ein angenehmer Tagesausflug.
Übrigens ziehen sich die Winzer hier
einen besonders feinen, autochthonen
Wein, den **Babić.** Den könnten Sie im
Restaurant Mediteran verkosten.

### Noch mehr ehemalige Fischerdörfer
Ehemalige Fischerdörfer wie Primošten,
die sich in den 1960er- und 1970er-

Jahren zu Touristenzentren entwickelt
haben, finden sich rund um Šibenik
viele. **Vodice** (🗺 D 7) etwa oder
**Tribunj** (🗺 D 7). Für einen Badeurlaub
sind sie ideal, nur nicht gerade sehr authentisch. Gänzlich undalmatinisch, aber
zzt. voll im Trend ist die Insel **Obonjan**
(🗺 D 7–8): Ein Unternehmer hat sie
zur perfekten Festival- und Partyinsel
ausgebaut. Was da los ist, lesen Sie auf
https://obonjan-island.com/.

### 🍽 Fisch vom Feinsten
**Mediteran**
Fisch essen können Sie besonders gut in
diesem sympathischen Restaurant. Das
Fischcarpaccio mit Kapern und Olivenöl
schmeckt mir hier am besten.
Put briga 13, Primošten, T 022 57 17 80, www.
mediteran-primosten.hr, Hauptgericht um 120 Kn

### ☼ Perfekter Discostyle
**Aurora**
Eine der größten Diskotheken an der
Küste mit Tanzflächen innen und auf
der Terrasse sowie internationalen
Gast-DJs.
Kamenar bb, Primošten, T 098 920 19 64,
www.auroraclub.hr, Juli/Aug. tgl. Lounge/Terrasse 22–4, Dancefloors ab 23 Uhr, Juni, Sept.
eingeschränkt

*Duschen geht zwar nicht, so dicht kommen Sie nicht an die Wasserfälle von Skradinski buk heran, aber baden dürfen Sie. Das tun auch die Einheimischen, groß wie
klein.*

# Mitteldalmatien

Die Altstadt im römischen Palast ist beileibe nicht Splits einzige Attraktion – die mitteldalmatinische Hafenmetropole verbindet zudem städtisches Flair, vielfältige kulturelle Reize von der Antike bis zur Moderne und kulinarische Genüsse. Außerdem ist sie Geburtsstätte eines eigenwilligen Wasserballspiels, dem Sie unbedingt einmal zusehen sollten. Südlich davon lockt die Makarska Riviera mit tollen Stränden und auch die mitteldalmatinischen Inseln, allen voran Vis, Brač und Hvar, lassen sich nicht lumpen, wenn's ums Baden und Chillen geht.

# Trogir 🗺 E 8

**Aus der Vogelperspektive ähnelt Trogirs Altstadt einem dicht bebauten, von mittelalterlichem Gemäuer ummantelten Schiffsbug. Lust, durch die Mauern hindurch in die Geschichte zu reisen? Oder auch ›nur‹ an einer der schönsten Promenaden Dalmatiens im Café zu sitzen?**

Trogirs (10 000 Einw.) malerisches Herz auf einem Eiland zwischen Festland und der Insel Čiovo ist seit 1997 Welterbe. Die Stadtanlage dokumentiere eine mehr als 2000-jährige Siedlungskontinuität, sagt die UNESCO. Weniger abgehoben: Viele Gassen verlaufen noch genau so, wie sie die griechischen Siedler vor 2300 Jahren angelegt haben.

························································
## WAS TUN IN TROGIR?
························································

### Ein Platz wie eine Bühne
In den repräsentativen Bauten um den **Trg Ivana Pavla II** spiegelt sich Trogirs Geschichte wider. Ein Platz wie eine Bühne, vor allem, wenn Sie einen der Stühle vor den Cafés ergattern konnten. In der Mitte prunkt die **Kathedrale Sv. Lovre** mit einem herrlichen **romanischen Portal** (1240; ▶ S. 54). An ihrem 45 m hohen Glockenturm werkelten die Maurer 400 Jahre, sodass sich Romanik (unten) mit Gotik (Mitte)

und Renaissance (oben) vereinen. Sie dürfen den Campanile auch besteigen, Schwindelfreiheit vorausgesetzt.

Aus dem 14. Jh. stammt der südlich an das Gotteshaus anschließende Rektorenpalast **Opčinska Palača,** das Symbol venezianischer Herrschaft: Die Serenissima äugte schon um 1200 Richtung Trogir; endgültig den Daumen auf der Stadt hatte sie aber erst 1420.

Auch **Uhrturm** und **Renaissanceloggia** dem Glockenturm von Sv. Lovre gegenüber lassen sich hinsichtlich der Baugeschichte nicht lumpen: Die Loggia-Säulen stammen aus römischen Bauten, das Renaissancerelief der Justitia hinter dem Richtertisch schuf Nikolo Firentinac (1471) und die in klaren Linien gehaltene Darstellung des aus Trogir stammenden, kroatischen Königs Ban Berislavić steuerte Ivan Meštrović in den 1950er-Jahren bei.

Das Panorama schließt der zierliche **Čipiko-Palast,** mit eleganten Fenstern in venezianischer Gotik ein Musterbeispiel für den verspielten Stil der Serenissima-Baumeister, ab!

### Durch die Altstadtgassen bummeln
Verlassen Sie nun die Bühne der politischen Geschäfte und machen Sie sich auf in die Gassen der Altstadt. Ich würde vom Platz aus auf der Gradska ulica nach Norden und dann über die nach Westen abzweigende Ulica Gradska vrata in die schmale Subićeva ulica gehen.

Für Hobbyhistoriker oder bei Schlechtwetter bietet sich noch ein Stopp im **Muzej Grada Trogira** (ul. Gradska vrata 4, Mo–Sa, Juli/Aug. 10–13, 18–21, Juni, Sept. 10–13, 17–20, Okt.–Mai Mo–Fr 9–14 Uhr, 20 Kn) an. Der alte Patrizierpalast birgt recht interessante Exponate zur Stadtgeschichte.

Doch nun auf in die **Subićeva ulica.** Anfangs sind hier noch viele Läden und Restaurants, später wird's ruhiger. Viele Häuser haben Freitreppen in die erste Etage, überwölbte Durchgänge führen in noch schmalere Gassen, über hohe Mauern lugen die Kronen von Feigenbäumen. Gehen Sie bis zum Altstadtende und Sie stehen vor einer

**ÜBRIGENS**

Wenn die Türe des **Opčinska Palača** offensteht, dann werfen Sie doch einen Blick in den bühnenreifen **Innenhof** mit gotischer Freitreppe und Brunnen, auf dem selbstbewusst der geflügelte Markuslöwe prangt. Fehlen nur noch ein Liebespaar und eine Arie!

**Grünanlage** und der **Hafenfestung Kamerlengo** (Juni–Okt. tgl. 9–19 Uhr, 25 Kn) mit wuchtigem Rundturm. Von oben bietet sich ein herrlicher Blick über Altstadt und Marina.

### An der Palmenpromenade rasten
Nizzas Promenade des Anglais ist sie zwar nicht, aber anmutig ist sie schon, die **Obala bana Berislavića.** Sie führt südlich an Trogirs Altstadtkulisse entlang, bunte Café-Sonnenschirme und eine exakt gepflanzte Reihe von Dattelpalmen sprenkeln das Grau der historischen Stadtpaläste und der Stadtmauer. Jachten sind am Kai vertäut, Jugendliche skaten über das glatt polierte Pflaster, die Luft ist meergeschwängert, der Himmel blau und das Leben schön! Hier sollten Sie verweilen, die Gunst des Augenblicks genießen und vielleicht noch einmal den Griechen danken, die dieses Städtchen vor so langer Zeit gegründet haben.

### Erinnerungen an die Griechen
Zu den Wenigen, das die Hellenen Trogir hinterlassen haben, zählt ein Marmor-relief des Gottes Kairos (des Gottes der Gunst des Augenblicks) aus dem 4./3. Jh. v. Chr. – verwahrt im **Kloster der Dominikanerinnen** (Kairos muzej, samostan Sv. Nikola, Gradska ulica, T 021 88 16 31, Sommer tgl. 10–13, 16.15–17.45 Uhr, 30 Kn). Sie erreichen es, wenn Sie von der Festung aus über die Obala bana Berislavića zurück nach Osten gehen.

### 🏠 Blick über die Dächer
**Heritage Hotel Pašike**
Nostalgie pur und Altstadtblick von der Dachterrasse: Im Pašike fühlen Sie sich wie im Trogir der Renaissance – mit allem modernem Komfort.
Splitska 4, T 021 88 51 85, http://hotelpasike. com, DZ/ÜF um 800 Kn

### 🏠 Stadt & Strand
**Brown Beach House**
Eine gelungene Kombination aus Stadt- und Spahotel, am Meer gelegen, mit großem Pool und schicker Designein-richtung. In die Altstadt bummeln Sie in zehn Minuten.

*›Off the beaten track‹ wirkt die Alt-stadt von Trogir als sei die Zeit stehen geblieben.*

Put gradine 66, T 021 35 54 50, http://brown hotels.com, DZ/ÜF um 1000 Kn

### 🍴 À la italiana
**Don Dino**
Neben sehr guten dalmatinischen Gerichten hat sich Don Dino auf italieni-sche Küche spezialisiert. Hübsche Lage in der Altstadt.
Augustina Kazotića 8, T 021 88 26 56, www. dondino.hr, Hauptgerichte um 90 Kn

### 🍴 Rustikale Eleganz
**Alka**
Dalmatinisch gewürzte Fisch- und Fleischgerichte in stilvollem Ambiente. Reservieren Sie einen Tisch im Innenhof und achten Sie auf die Preise: Hier wird nicht nur Fisch, sondern auch das eine oder andere Steak nach Gewicht abgerechnet.
Bl. Augustina Kazotića 15, T 021 88 15 89, www.restaurant-alka.hr, Hauptgerichte um 120 Kn

### 🛒 Kulinarische Köstlichkeiten
**Delicium Nostrum**
Der kleine Laden führt regionale Produkte wie Olivenöl, Wein und Honig, vieles aus Bio-Anbau.
Obrov 2, T 021 88 45 72

# Bilderbuch für Gläubige – **Kathedral-portal von Trogir**

**# 7**

**Das Portal der Kathedrale von Trogir gilt als Höhepunkt romanischer Plastik in Kroatien. Flankiert von Adam und Eva bildet es Szenen aus dem Leben Christi ab und stellt die Jahreszeiten symbolisch dar. Was erzählt das mittelalterliche ▼ Bilderbuch den Gläubigen?**

Das 1240 von einem Meister Radovan begonnene und im 14. Jh. von einem Unbekannten vollendete Portal – ein Meisterwerk der Hochromanik – geht mit seiner naturnahen Menschlichkeit weit über die zu jener Zeit übliche Darstellung hinaus. Tatsächlich ist der Unterschied zwischen Radovans Skulpturen und denen seines Nachfolgers, der den zweiten Portalbogen mit dem Leben Christi gestaltete, frappierend. Letzterer ist grob in Gestaltung und Form, starr im Ausdruck und hölzern in den Proportionen. Einige Kunsthistoriker sind der Ansicht, Radovan, von dem man nur den Namen kennt, müsste seine Ausbildung an französischen Bauhütten genossen haben.

*45 m hoch ragt der Glockenturm der Kathedrale auf. Sind Sie schwindelfrei, nichts wie hinauf. Aber auch die Betrachtung von unten nach oben lohnt – bei Interesse an Baustilen: Romanik, Gotik und Renaissance.*

## Bilderbuch für Analphabeten

Bei der Gestaltung mittelalterlicher Kirchenportale stand die Botschaft an die Gläubigen im Vordergrund. Themen wie das Leben Christi oder das Jüngste Gericht gemahnten die Kirchgänger an ihre Sterblichkeit. An Trogirs Kathedrale empfängt die Erbsünde in Gestalt von **Adam und Eva** 1 die Gläubigen. Hinter den beiden Figuren staffeln sich die überreich skulptierten Bögen des Stufenportals auf den eigentlichen Eingang und die zentrale Botschaft in der Lünette zu.

## Das Portal als Kalender

Und dabei geht es recht menschlich und deftig zu: Die auf den beiden inneren Pfeilern dargestellten Szenen bilden den Lauf der Jahreszeiten ab: **Links oben** 2 beginnend schlachtet ein Mann ein Schwein, das sich auf dem **Motiv darunter** 3 wiederfindet: als von der Decke hängende Würste. Ein Alter sitzt am wärmenden Herd, auf dem die Würste kochen, während ihm ein Junge Wasser einschenkt – Tätigkeiten des Winters. **Ganz unten** 4 beschneidet der Bauer die Reben. Das Frühjahr ist da.

Die Geschichte setzt sich unten auf der rechten Portalseite fort: Ein **römischer Krieger in Rüstung** 5 repräsentiert den Gott Mars, den Namensgeber des Monats März. Und wenn im April Sturmböen die Kiefern peitschen, ist es Zeit für die **Schafschur** 6, das letzte Bild in Radovans Jahreslauf.

## Christus im Bade

Nun aber zur **Lünette** 7: Sie feiert Christi Geburt wie ein Mysterienspiel. Hinter dem zur Seite gezogenen Bühnenvorhang ruht in der oberen Szene Maria auf dem Bett und streift mit zärtlicher Geste das Wickeltuch vom Gesicht ihres neugeborenen Sohnes; in der unteren wehrt sich Jesus als strampelndes Kleinkind gegen ein Bad. Im äußersten rechten Feld kommen die Heiligen Drei Könige in wildem Trab angepreschst, im linken lauschen die Schäfer der Verkündung. Radovan breitet eine ganz und gar menschliche Szenerie vor den Gläubigen aus, deren Botschaft jeder, auch der einfachste Bauer, verstehen konnte.

**Ü**
**ÜBRIGENS**

Jetzt sollten Sie richtig eingestimmt sein auf die Begegnung mit dem **Kathedralinneren**. Beispielsweise mit den insgesamt 160 Gesichtern von Heiligen, Engeln und Putten, die Sie beim Betreten der **Renaissancekapelle** von Andrea Alessi und Nikolo Firentinac fixieren! Es könnte einem angst und bange werden, blickten sie nicht so gütig. Sehenswert ist die Kapelle auch wegen der eigenwilligen Darstellung Gottvaters: Er hängt nämlich kopfüber von der Kassettendecke. Radovans unkonventionelles Portal mag die Künstler dazu inspiriert haben.

---

**INFOS/ÖFFNUNGSZEITEN**
**Katedrala Sv. Lovre:** Trg Ivana Pavla II, Altstadtinsel, Parkmöglichkeit nur auf dem Festland, Sommer Mo–Sa 8–20, So 12–18, sonst Mo–Sa 9–12 Uhr, 30 Kn. Im Ticket ist die Besteigung des 45 m hohen Campanile inbegriffen.

---

**KULINARISCHES FÜR ZWISCHENDRIN**
Nur ein paar Schritte von der Kathedrale entfernt, können Sie im **Vanjaka** (Radovanov trg 9, T 091 503 87 34, www. restaurant-vanjaka.com, Hauptgerichte um 100 Kn) einkehren. Dort kombiniert der Küchenchef Standardgerichte mit

fantasievollen Beilagen, z. B. Pager Käse mit Auberginentatar.

Schummerige Laternen, hie und da ein Rechteck aus Licht aus einem Fenster auf das buckelige Pflaster gefallen, eine weghuschende Katze, der Duft von frisch gegrilltem Fisch, eine Puccini-Arie aus einem Radio … mehr Romantik beim Abendbummel geht nicht. Deshalb sollten Sie einmal in der Stadt übernachten.

### ☼ Ein Spritz in Ehren
**Caffe Bar Smokvica**
Wand an Wand mit der Kathedrale bei einem Aperitif dem Corso zusehen und sich in den Abend träumen – so geht Urlaub!
Radomanov trg 9, T 021 88 45 71, https://de-de.facebook.com/caffebarSmokvicaTrogir/

### ☼ Abkühlung gewünscht?
Beliebt ist der **Kiesstrand des Hotels Medena** auf dem Festland nördlich der Altstadt. Von Pinien gesäumt ist der helle **Sand-/Kiesstrand Pantan**, 1,5 km östlich. Der 2 km lange **Kiesstrand von Okrug Gornji** auf Čiovo gilt als Trogirs ›Copacabana‹.

····················

## INFOS

····················

❶ **TZ Trogir:** Trg Ivana Pavla II/1, Tel. 021 88 56 28, www.visittrogir.hr, Juni–Sept. Mo–Sa 8–20, So 9–14 Uhr, sonst nur Mo–Sa und kürzere Öffnungszeiten

····················

## IN DER UMGEBUNG

····················

### Blaue Lagune / Plava Laguna
Der Bilderbuchbucht an der Ostküste der vorgelagerten Insel **Drvenik veli**, haben sich dekorativ zwei kleinere Eilande – **Krknjaš mali** und **Krknjaš veli** – hinzugesellt. Das Wasser ist von absolut karibiktauglichem Türkis, und auch wenn es nur Fels- und Kiesstrand

gibt, die Bucht ist ein Traum. Von Trogir 1 Std. per Fähre (www.jadrolinija.hr, 3 x/Tag) nach Drvenik veli, dann zu Fuß oder per (mitgebrachtem) Fahrzeug 3 km nach Südosten bis **Krknjaši**.

# Split 🗺 F 8

**Split werden Sie mögen oder es möglichst schnell wieder verlassen, sobald Sie das UNESCO-Erbe und absolute Highlight, den Diokletianspalast, besichtigt haben. Denn im Gegensatz zum beschaulichen Trogir oder Šibenik ist Split eine echte Großstadt (220 000 Einw.). Dazu gehören Verkehrsstau, Gedränge, Hektik – und die positive Seite der Medaille: angesagte Shops, todschicke Restaurants, messerscharfe Szenekneipen und edle Kunstgalerien, also all das, was das junge, dynamische Kroatien ausmacht.**

····················

## WAS TUN IN SPLIT?

····················

Allem voran den **Diokletianspalast** ❶ – ❺ besuchen (▸ S. 60). Und rund um diese Stadt in der Stadt gibt's auch noch Einiges zu sehen.

### Einmal um den Palast
Beginnen Sie Ihre Split-Tour an der **Riva** ❻: Vor der Fassade des ehemaligen römischen Palastes, deren grauen Steine hier und da in der Um- und Überbauung durchscheinen, wiegen sich Palmen im Wind. Ein Café reiht sich ans andere, und meist sind auch die Parkbänke alle besetzt. Die Riva ist Splits Wohnzimmer. Hier treffen sich Freundinnen zum Plausch, Rentner, um die politischen Ereignisse zu diskutieren, und abends ist die Riva der Ort des *korzo*, des traditionellen Promenierens der Einheimischen.
Lassen Sie uns den Palast umrunden! An seiner Ostecke biegen Sie in die **Ulica Hrvoja Vukčića Hrvatinića** ein, die entlang der hier deutlich erkennbaren **Palastmauer** nach Norden verläuft.

Gleich zu Beginn landen Sie rechter Hand auf einem der quirligsten Märkte Dalmatiens, dem **Pazar** 🔵 (Mo–Sa 7–13 Uhr). Neben Obst und Gemüse gibt's jede Menge Schrott aus Fernost, mehr oder weniger geschmackssichere Souvenirs und was sonst noch für nützlich erachtet wird. Zeit zum Stöbern und Shoppen! Weiter nach Norden, am **Wachturm** *(kula),* stoßen Sie auf einen hübschen **Park** und gehen nach links: Die überlebensgroße **Statue des Grgur Ninski** 7 von Ivan Meštrović ist nicht zu übersehen. Wer dem Bischof die große Zehe poliert, darf sich etwas wünschen.

Hier stehen Sie vor dem Haupteingang des Palastes, der **Porta Aurea** 8 (Zlatna vrata). Sie war, so zeigen es die noch erhaltenen Nischen, reich dekoriert; von ihr führt der römische Cardo schnurgerade zum Perystil, dem Kern der Anlage. Wir aber gehen weiter bis zum nächsten noch erhaltenen **Wachturm** und biegen hier nach links in die **Bosanska ulica** ein, in das labyrinthische Gassengewirr, das sich im Nordwestteil der römischen Palastanlage ausbreitet. Lassen Sie sich einfach treiben!

Irgendwann stoßen Sie auf den hübschen **Narodni trg,** zwischen dem 13. und dem 15. Jh. angelegt: Das im 15. Jh. erbaute **Rathaus** 9, zwei **romanische Palazzi** 10 an der Ostseite, das barocke **Palais Pavlović** 11 im Süden und im Westen ein **Haus im Wiener Secessionsstil** 12

umkreisen die *pjaca,* wie die Spliter sie nennen, mit einem Potpourri architektonischer Stile. Der **Ulica Kraj Sv. Marije** nach Westen folgend lassen Sie sich einfach von der Nase leiten, der Fischgeruch ist unverwechselbar. An der **Fischhalle Ribarnica** 13 (Obrov ul. 5, Mo–Sa 8–12 Uhr) und auf dem Platz davor, wo Fischer und Händler die Schätze der Adria verkaufen, ist am Samstagvormittag besonders viel los.

Hinter der Halle verläuft die Shoppingmeile **Marmontova ulica.** Sie folgt schnurgerade der alten Westmauer zur Riva. Einen Abstecher wert ist hier der **Trg Republike** 14, eine klassische Platzanlage im Neo-Renaissance-Stil, die sich zum Meer hin öffnet.

### In Splits grüne Lunge eintauchen

Diesmal geht es von der **Riva** 6 nach Westen zum alten **Hafen Matejuška** 15, wo die Fischer heute noch Boote und Netze für die Ausfahrt fertigmachen. Vom Meer klettert der alte Stadtteil **Veli Varoš** die Hänge des Marjan-Hügels hinauf; früher ein Arme-Leute-Viertel, heute vergoldeter Baugrund mit Splits grüner Lunge Marjan im Rücken und dem Meer vor Augen. Stets bergauf erreichen Sie die **Aussichtsterrasse Vidilica** 16 mit **Café** (▶ S. 63). Von dort können Sie nach Herzenslust durch den **Marjan-Park** bummeln und die **Galerija Ivana Meštrovića** (▶ S. 59) besuchen.

*Das lassen sich weder Kroaten noch Touristen nehmen – abends wird die Uferpromenade Riva zum Ort des Korzo, des abendlichen Flanierens, des Sehens und Gesehenwerdens.*

# SPLIT

**Sehenswert**

1. Seetor
2. Podrumi / Galerie HULU Split
3. Peristyl
4. Sv. Duje
5. Baptisterium
6. Riva
7. Statue des Grgur Ninski
8. Porta Aurea
9. Rathaus
10. Romanische Palazzi
11. Palais Pavlović
12. Haus im Wiener Secessionsstil
13. Fischhalle Ribarnica
14. Trg Republike
15. Hafen Matejuška
16. Aussichtsterrasse Vidilica / Café-Bar Vidilica
17. Papalić-Palast / Stadtmuseum
18. Ethnografisches Museum
19. Archäologisches Museum
20. Galerija Ivana Meštrovića

**In fremden Betten**

1. Villa Varoš
2. Kastel
3. Hotel Luxe
4. Le Meridien Lav

**Satt & glücklich**

1. Bokeria
2. Bajamonti
3. Zrno soli
4. Konoba Nevera
5. Konoba Nikola

**Stöbern & entdecken**

1. Pazar
2. Oleoteka Uje
3. Arterija

**Wenn die Nacht beginnt**

1. Café Luxor
2. Marulus Library Jazz Bar
3. Noor Bar

**Sport & Aktivitäten**

1. Bačvice-Bucht

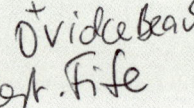

---

## MUSEEN, DIE LÖHNEN

### Wie die Fürsten wohnten
**Papalić-Palast und Stadtmuseum** 17

Der Palazzo der Familie Papalić mit lauschigem Renaissance-Innenhof ist für sich schon sehenswert. Die Ausstellung zeigt Waffen, Skulpturen, Gemälde und einen im Original erhaltenen gotischen Saal.

Muzej grada, Papalićeva 1, T 021 36 01 71, www.mgst.net, Nov.–März Di–Sa 9–17, So 9–14, April–Juni, Sept./Okt. tgl. 8.30–21, Juli/Aug. 8.30–22, 25 Kn

### Kostüme im Vestibül
**Ethnografisches Museum** 18

Zutritt zum Museum haben Sie über das diokletianische Vestibül, von dessen Terrasse Sie die ehemalige Palastanlage überblicken. Die Ausstellung: wunderschöne Trachten aus Dalmatien, Hausrat, Schmuck … sehenswert!

Etnografski muzej, Iza Vestibula 4, T 021 34 31 08, www.etnografski-muzej-split.hr, Okt.–Mai Mo–Fr 10–15, Sa 9–14, Sommer Mo–Sa 9.30–19, So 10–14 Uhr, 20 Kn

### Unverzichtbar
**Archäologisches Museum** 19

Die Sammlung prähistorischer, griechischer, römischer und frühchristlicher Exponate aus Split/Salona, Hvar/Pharos und Vis/Issa ist phänomenal! So der Grabstein für den neunjährigen Aurelius Aurelian mit einem in den Stein versenkten, feinen Mosaik aus Salona (3. Jh.).

Arheološki muzej, Zrinjsko-Frankopanska 25, T 021 32 93 40, www.mdc.hr/split-arheoloski, Mitte Juni–Mitte Sept. Mo–Fr 9–13, 17–20, Sa 9–14, Winter Mo–Fr 9–16, Sa 9–14 Uhr, Eintritt frei

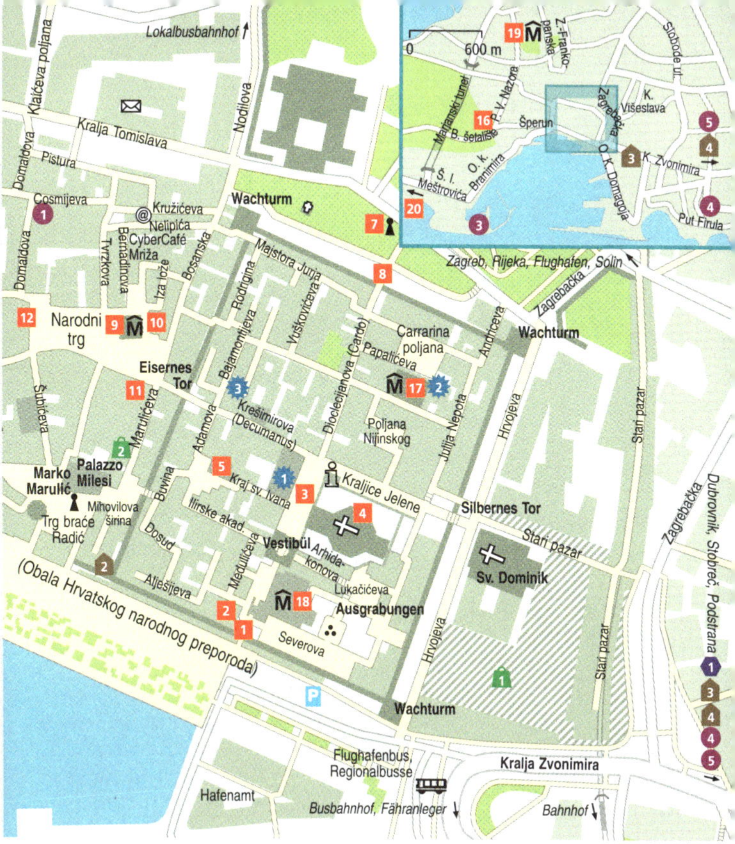

*(map of Split / Diocletian's Palace area with labels)*

Lokalbusbahnhof

Kralja Tomislava

Kaličeva poljana

Nodilova

Pistura

Domaldova

Cosmijeva

Kružićeva
Nelipića
CyberCafé
Mrša
Bernardova

Wachturm

Majstora Jurja

Tvrtkova

Bosanska

Bajamontijeva

Rodrigina

Vukovićeva

Narodni trg

Eisernes Tor

Marulićeva

Adamova

Bovina

Krešimirova (Decumanus)

Dioklecijanova (Cardo)

Papalićeva

Carrarina poljana

Wachturm

Andrićeva

Hrvojeva

Julija Nepota

Marko Marulić
Palazzo Milesi

Mihovilova širina

Trg braće Radić

Dosud

Ilirske akad.

Kraj sv. Ivana

Kraljice Jelene

Poljana Nijinskog

Silbernes Tor

Stari pazar

Aljesijeva

Vestibül
Arhiđakona
Lukačićeva

Ausgrabungen

Severova

Sv. Dominik

Stari pazar

(Obala Hrvatskog narodnog preporoda)

Wachturm

Flughafenbus, Regionalbusse

Kralja Zvonimira

Hafenamt

Busbahnhof, Fähranleger

Bahnhof

Zagreb, Rijeka, Flughafen, Solin

Zagrebačka

Dubrovnik, Stobreč, Podstrana

*(inset map top right)*

600 m

Z-Franko-penska

Slobode ul.

Sv. Mazora

B. Šetalište

Marmontov tunel

Šperun

Zagora cesta

S. I. Meštrovića

Bremira

O. k.

K. Višeslava

O. K. Damgaja

K. Zvonimira

Put Firula

Zagreb, Rijeka, Flughafen, Solin

---

### Der Meister persönlich

**Galerija Ivana Meštrovića** [20]

Wenn Ihnen Grgur Ninski vor der Porta Aurea gefallen hat oder Sie sich generell für Kunst des 20. Jh. erwärmen können, ist die Galerie des berühmtesten kroatischen Bildhauers das Richtige. Meštrović haute, schliff und goss seine monumentalen Werke aus Marmor, Stein und Bronze. Šetalište I. Meštrovića 46, T 021 34 08 00, www.mestrovic.hr, Mai–Sept. Di–So 9–19, Okt.–April Di–Sa 9–16, So 10–15 Uhr, 50 Kn

............................................................

## SCHLEMMEN, SHOPPEN, SCHLAFEN

............................................................

 **In fremden Betten**

Im Gassengewirr um die Bosanska ulica im Nordwestteil des Palastbezirks gibt es eine Menge Hotels, Pensionen und Hos-tels. Man wohnt dort zwar am Puls der Stadt, benötigt aber einen todesähnlichen Schlaf (meist hat man aber Besseres vor!).

### Im angesagten Viertel

**Villa Varoš** [1]

Die nette Pension liegt im Herzen des Ausgehviertels: Die Zimmer sind freundlich eingerichtet und nicht sehr groß; die Besitzerin hilft mit Infos und Tipps. Miljenka Smoje 1, T 021 48 34 69, https://villavaros.hr/, DZ/ÜF um 550 Kn

### Nett und zentral

**Kastel** [2]

Das alte Stadthaus ist Teil der Palastmauer. Die Zimmer kann man nicht gerade als großzügig bezeichnen, aber sie sind hübsch eingerichtet. Mihovilova širina 5, T 021 34 39 12, www. kastelsplit.com, DZ/ÜF ab ca. 1000 Kn

# Die Stadt im Palast – **kaiserlicher Ruhesitz in Split**

**#8**

**Hereinspaziert! Darf ich Ihnen Diokletian vorstellen, seines Zeichens römischer Kaiser und gnadenloser Christenverfolger? 305 n. Chr. hatte er keine Lust mehr und trat als einziger Imperator freiwillig ab. Wahrscheinlich hatte der Dalmate schlicht Heimweh. Er ließ sich als Altersruhesitz einen gewaltigen Palast errichten.**

Und vor dem stehen Sie jetzt. Zugegeben – hinter dem bunten Wimmelbild voller Ladenschilder, Blumentöpfe, Sonnenschirme und Markisen der Läden und Cafés an der Riva ist der spätantike Bau kaum wahrzunehmen – das ändert sich erst, sobald man durch das ehemalige **Seetor 1** das Untergeschoss, die **Podrumi 2** (Substruktionen), betritt. Die Gewölbe haben riesige Dimensionen und bestehen aus mehr als 50 Räumen. Die kaiserlichen Apartments lagen darüber und besaßen ähnliche Ausmaße.

*Ob sich zu römischer Zeit auch jedermann entspannt im Peristyl auf einen Plausch niederlassen konnte?*

## Ein Kaiser dankt ab

Der aus Dalmatien stammende Diokletian (ca. 240–313) konnte es gar nicht erwarten, den 4 ha großen Palast zu beziehen. Bitten, die Regierungsgeschäfte nochmals zu übernehmen, beschied er negativ und lebte hier acht Jahre bis zu seinem Tod. Danach war der Palast wohl weitgehend verlassen. Als zu Beginn des 7. Jh. Awaren und Slawen das nahe Salona eroberten, flüchteten dessen Bewohner in das befestigte, 180 x 215 m messende Areal – und begannen den Umbau des Palast-Rechtecks zur Stadt.

**GALERIE**

In Split zeigen viele kleine Galerien die Arbeiten aufstrebender Künstler aus Kroatien und den Balkanländern. Eine der Arriviertesten ist **HULU Split,** ein Zusammenschluss visueller Künstler verschiedenster Sparten. Sie stellen in einem Teil der Podrumi **2**, der Kellerräume des Diokletianspalasts aus (http://hulu-split.hr).

## Heiligtümer gestern und heute

Stufen führen vom Untergeschoss hinauf in das **Peristyl 3**, einen von Säulen gerahmten Innenhof. Jetzt wäre der passende Zeitpunkt für eine Pause, um die Gesamtanlage auf sich wirken zu lassen. Im **Café Luxor 1** staunten schon viele Reisende über den Palast und schlugen sich dabei die Spezialität des Hauses in den Bauch, *Bijela torta:* Käsekuchen mit weißer Schokolade.

*Kellerkunst – in den Katakomben des Palasts hat auch moderne Kunst einen Platz gefunden.*

Heute sind die antiken Säulen im westlichen Bereich des Peristyls in Häusern verbaut; im östlichen bilden sie den von ägyptischen Sphingen bewachten Durchgang zur Kathedrale **Sv. Duje** 4. Das Mausoleum des Kaisers bildete einst die Cella eines achteckigen Tempels. Im 7. Jh. wurde er in eine Kirche umgewandelt, des Kaisers Sarkophag und die Götterstatuen entfernt. Nur noch zwei übereinandergesetzte Reihen korinthischer Säulen und ein Schmuckfries u. a. mit einem Bildnis des Kaisers erinnern heute im Gotteshaus an das heidnische Grabmal. Ein Bilderbuch der Romanik bilden die beiden reich geschnitzten **Türflügel** der Kathedrale, 1214 von Andrija Buvina geschaffen. Ebenfalls nicht römisch, aber unbedingt beachtenswert ist der **Anastasia-Altar** von Juraj Dalmatinac mit dem Relief der Geißelung Christi (1448). Sehenswert ist auch die Schatzkammer.

## Taufe im Tempel

Berührungsängste mit heidnischen Göttern hatten die frühen Christen nicht, hätten sie sonst einen Jupitertempel zum **Baptisterium** 5 erwählt? Gegenüber der Kathedrale führt eine schmale Gasse nach Westen und endet vor den Stufen zu einem kleinen, in seiner Form noch intakten Rechtecktempel, den am Eingang eine Sphinx bewacht. Durch das mit Steinmetzarbeiten üppig gerahmte Portal betritt man das Innere mit der erstaunlichen, vollständig intakten antiken Kassettendecke, die den Tempel als elegantes Tonnengewölbe überspannt.

INFOS/ÖFFNUNGSZEITEN

**Podrumi** 2: Nov.–März Mo–Sa 9–17, So 9–14, Okt. Mo–Sa 8.30–21, So 9–17, April–Juni, Sept. tgl. 8.30–21, Juli/Aug. tgl. 8.30–22 Uhr, 45 Kn
**Sv. Duje** 4: Sommer Juni–Sept. 8–20, Mai, Okt. 7–12, 17–19, Nov.–Feb. 7–12, März/April 8–17 Uhr, Sammelticket Schatzkammer, Baptisterium 35 Kn, Kirchturm 20 Kn
**Baptisterium** 5: Sommer Mo–Sa 8–19, So 12.30–18.30, Winter bis 17 Uhr, 15 Kn, Sammelticket s. o.

KULINARISCHES FÜR ZWISCHENDRIN

Zwar zum Aperitif besonders nett, aber jederzeit ein schöner Ort für eine Pause ist das **Café Luxor** ✷ (▶ S. 62).

### Schickes Design
**Hotel Luxe**

Zentral gelegen und ultramodern eingerichtet – ideal für einen schicken Stadturlaub! Toll sind der großzügige Wellnessbereich und die Lobby mit Glasfronten über den Dächern der Altstadt.

K. Zvonimira 6, T 021 31 44 44, www.hotel luxesplit.com, DZ/ÜF ab 1200 Kn

### Wellness und Eleganz
**Le Meridien Lav** ④

Hier lässt sich Erholung in einem wunderschön gestylten Hotel am Strand südlich von Split mit dem quirligen Stadtleben wunderbar verbinden (Shuttledienst).

Grljevacka, 2A, Podstrana, T 021 50 05 00, www.lemeridienlavsplit.com, DZ/ÜF ab 1500 Kn

.........................................

🍴 **Satt & glücklich**

### Mediterraner Lifestyle
**Bokeria**

Man mische kroatische mit katalonischen Traditionen, wähle eine moderne, doch zugleich originelle Einrichtung, setze darauf, was der Markt nebenan gerade so hergibt und würze das Ganze mit Lifestyle – fertig ist eine der angesagten Restaurantadressen von Split.

Domaldova 8, T 021 35 55 77, www.facebook. com/bokeriasplit, Hauptgericht um 110 Kn

### Für das Venedig-Gefühl
**Bajamonti** ②

Auf der Terrasse zum schönen Stadtplatz sitzt es sich einfach toll – ob bei Hummer oder Bruschetta, mit einem Spritz oder einem feinen Grk (Grk ist eine autochthone Weißweinrebe) von der Halbinsel Pelješac.

Trg Republike 1, T 021 34 10 33, www.restoran-bajamonti.hr, Hauptgericht um 110 Kn

### Fisch an der Marina
**Zrno soli** ③

Das elegante Restaurant bietet seinen Gästen nicht nur exzellente, moderne Fischküche, sondern auch den Blick auf die Megajachten am Kai.

Uvala baluni 8, T 021 39 93 33, www.zrnosoli. hr, Hauptgericht um 140 Kn

### Fisch ahoi
**Konoba Nevera** ④

Alles dreht sich ums Meer: Originelle Einrichtung und Speisekarte schwelgen in den Genüssen der Adria. Besonders empfehlenswert ist das Risotto mit Gambas.

Put Firula 17, T 021 38 87 36, auf Facebook, Hauptgericht um 120 Kn

### Fisch in familiärem Ambiente
**Konoba Nikola** ⑤

Die *konoba* am östlichen Stadtrand gilt als beste Fischadresse in Split. Vor allem der aufmerksame und liebenswürdige Service lockt mich immer wieder hierher.

Ivankova 42, Stobreč, T 021 32 62 35, Hauptgericht um 110 Kn

.........................................

🎒 **Stöbern & entdecken**

### Quirliger Markt
**Pazar**  ▸ S. 57

### Lokale Köstlichkeiten
**Oleoteka Uje** ②

Die Oleothek verkauft neben feinen Olivenölen auch andere dalmatinische Produkte wie Oliven, Kapern, Marmelade und dazu formschöne Keramik.

Marulićeva 1, www.uje.hr, Sommer tgl. 9–21 Uhr, Winter Mo–Sa eingeschränkt geöffnet

### Kroatisches Design
**Arterija** ③

Der Concept Store versammelt die Arbeiten junger kroatischer Designer – Klamotten, Accessoires, Schmuck.

Morpurgova poljana 1 (Vuškovićeva 5), T 091 547 71 41, Sommer tgl. 10–21 Uhr, Winter eingeschränkte Öffnungszeiten

.........................................

🌙 **Wenn die Nacht beginnt**

### Klassiker
**Café Luxor** ①

Das Café-Restaurant macht zu jeder Tageszeit Spaß, schließlich sitzt man mitten im Diokletianspalast. Ich komme am liebsten zum Aperitif, wenn sich die Besichtigungshektik etwas gelegt hat.

Kraj Sv. Ivan 11 (Peristyl), T 021 34 10 82,
www.lvxor.hr

### Jazz mit Flair
**Marulus Library Jazz Bar** 2
Die entspannte Bar in einem Palazzo
des 15. Jh. zählt zu den angenehmsten
Kneipen der Stadt – nicht zuletzt, weil
Chef und Personal wirklich herzlich sind.
Papalićeva 4, www.facebook.com/marvlvs, tgl.
ab 17 Uhr

### Kleine Bar, großer Geschmack
**Noor Bar** 3
»150 spirits & liqueurs, 20 signature
cocktails«, lautet die Werbung dieser
originellen und etwas schrägen Minibar
in der Altstadt. Sie hält ihr Versprechen
auf eindrucksvolle Art.
Bajamontijeva 2, www.noor.bar, tgl. 18–1 Uhr

### Drinks mit Aussicht
**Café-Bar Vidilica** 16
Angesagt beim Jungvolk wie bei älteren
Splitern, denn der Ausblick vom Mar-
jan-Hügel über die Stadt ist fantastisch.
Nazorov prilaz 1, T 021 34 56 06

## 🏅 Sport & Aktivitäten

### Strand, Sand und Spiel
**Bačvice-Bucht** 1
Am beliebten Stadtstrand südlich der
Luka-Bucht wird nicht nur gebadet.
Hier spielen die jungen Leute *picigin* –
eine in Split entstandene Variante von
Wasserball. Abends mutiert der Strand
zur großen Partymeile.

## INFOS UND TERMINE

### ❶ Infos
**www.visitsplit.com:** Website des
Tourismusverbandes der Stadt Split
**TZ Split / TIC Riva:** Obala Hrvatskog
narodnog preporoda 9, T 021 36 00
66, Sommer tgl. 8–21, Winter Mo–Sa
9–16 Uhr
**TIC Peristil:** Peristil bb, T 021 34 56
06, Sommer tgl. 8–21, Winter Mo–Sa
9–16 Uhr

*Zwar nicht in der freien Natur, aber im
Palast – im Luxor gibt es den Aperitif
drinnen oder draußen.*

### ❶ Verkehr
**Fähre:** www.jadrolinija.hr. Split ist mittels
Autofähre im 1- bis 2-Std.-Takt mit Su-
petar auf Brač verbunden, 3–5 x tgl. mit
Stari Grad auf Hvar und Rogač auf Šolta.
Mindestens 1 x tgl. Autofähre nach Vis.
**Flug:** ▶ S. 108
**Busse in Split:** Stadtbusse von Promet
Split (www.promet-split.hr/en/bus-lines/
city-traffic-network)

## IN DER UMGEBUNG

### Omiš und die Cetina-Schlucht
Das dramatisch vor steiler Felswand
gelegene, alte Städtchen **Omiš** (🗺 G 8)
war jahrhundertelang ein gefürchtetes
Piratennest. Dann eroberte Venedig die
Stadt und sorgte für Ruhe an der Küste.
Ihres liebsten Zeitvertreibs beraubt be-
sannen sich die Männer von Omiš ihrer
musischen Talente und begannen, sich
in der A-cappella-Kunst der dalmatinischen Klapa-Gesänge zu üben – zumindest könnte die Geschichte so gelaufen
sein. Doch egal wie und warum, die
Chöre von Omiš gelten als die besten
Dalmatiens; jedes Jahr zum **Klapa-Fes-
tival** im Juli bestätigt sich dieses Urteil

aufs Neue. Und zu eben diesem Festival sollten Sie Omiš besuchen – denn sonst hat es nicht viel zu bieten.

Allerdings: das Hinterland ist spannend. **Rafting-Touren durch die Schlucht des Cetina-Flusses** (viele Veranstalter, z. B. Rafting Pinta, Rogac 1/10, T 021 73 40 16, www.rafting-pinta.com, 250 Kn, 7–12 Jahre, 160 Kn, Mindestalter 7 Jahre, Abholung/Transfer vom Hotel) sind ein Riesenspaß! Sie starten im Dorf **Penšići** (🗺 G 8) und enden nach ca. drei- bis vierstündiger, feucht-fröhlicher Fahrt (10 km) über Strudel und Mini-Kaskaden im Gasthaus **Radmanove Mlinice** 6 km vor Omiš.

### 🌀 Lamm am Fluss
**Radmanove Mlinice**

Unter schattigen Kastanien und Platanen kommt auf die langen Holztische köstliches Lamm, das unter der *peka*, einer gusseisernen Glocke, zubereitet wurde; dazu gibt's selbstgebackenes Brot und schweren Hauswein.

Cetina-Schlucht, 6 km östlich von Omiš, T 021 86 20 73, www.radmanove-mlinice.hr, Hauptgericht um 95 Kn

### ❶ Termine
**Festival dalmatinskih klapa:** www.fdk.hr, Juli, Omiš. Zum Festival der Klapa-Chöre im Juli versammeln sich die besten Sänger und Sängerinnen.

# Insel Vis 🗺 E 10

**Vis, weit draußen im Meer gelegen, ist recht ursprünglich und lebt trotz des stetig wachsenden Tourismus nach wie vor hauptsächlich von der Fischerei. Noch – denn die Nautiker haben das Eiland mit seinen Traumbuchten natürlich längst entdeckt.**

Das Insel-Dornröschen konnte so lange hinter seiner Hecke aus blauen Adriawellen schlummern, weil das Militär sich seiner bemächtigt hatte: In der jugoslawischen Ära diente Vis als Militärstützpunkt und blieb bis 1989 für

den Tourismus gesperrt. Unter Wasser liegende Wracks, unterseeische Bunker mit Geheimeingängen und Geschützstellungen werden heute als Sehenswürdigkeiten vermarktet.

### WAS TUN AUF VIS?

**Durch Vis-Stadt bummeln**

Bei der Einfahrt der Spliter Fähre in die tiefe, gut geschützte Bucht von Vis-Stadt, vorbei am vorwitzig auf einer Landzunge gelegenen Franziskanerkloster, denke ich jedes Mal: »Wie unaufgeregt!« Und genauso ist Vis: Nicht spektakulär, einfach nett. Der Ort besteht aus den beiden Teilen Luka mit Hafen und Hotels (Westen) und Kut (Osten), wo noch schöne Häuser aus Renaissance und Barock die Uferpromenade säumen.

Im Ortsteil **Luka**, wo die Fähre anlegt, verbergen sich eine **griechische Nekropole** (hinter den Tennisplätzen) und **römische Thermen.** Das **Archäologische Museum** (Arheološki muzej grada Visa, Setalište Viski boj 12, T 021 71 17 29, Juni–Sept. Mo–Fr 10–13, 17–21, Sa 10–13 Uhr, 20 Kn) in der 1842 von Österreich-Ungarn erbauten **Festung Baterija** erläutert die antike Geschichte; das hilft vielleicht beim Verständnis der kaum dokumentierten Ruinen.

Einen Bummel durch **Kut** würde ich Ihnen empfehlen: Dalmatien wie es mal war, bevor es die Tourismusindustrie mit Kreuzfahrtschiffen geflutet hat. Natürlich residieren auch hier in den alten Steinhäusern Restaurants wie die nette **Konoba Težok** ganz am Ortsende, in der Sie auf eine *marenda*, ein dalmatinisches Mittagessen einkehren könnten. Vielleicht steht *Viška pogača* auf der Karte, eine Art Pizza mit Zwiebeln und Sardinen belegt.

**Eine Landpartie unternehmen**

Noch friedvoller ist es auf der fruchtbaren Hochebene zwischen den beiden Hauptorten Vis und Komiža. Weinreben des **Plavac mali** reifen auf den fruchtbaren Böden heran, dazwischen wuchert Macchia, von manch einem Haus stehen nur noch die Außenmauern und die Zikaden machen einen Höllenlärm. Dann geht's in Serpentinen hinunter an die Westküste nach Komiža, wo sich ein weiterer Stadtbummel lohnt.

### Stadtbummel auf Spuren der Fischer

Das malerische Hafenstädtchen **Komiža** ist ein beliebter Haltepunkt der Segler und Bootsfahrer. Die Kirche **Gospa Gusarica** (16. Jh.), das nicht zugängliche **Benediktinerkloster** (13. Jh.) und das kleine **Fort Komuna** (16. Jh.) am Hafen sind die architektonischen Höhepunkte in dem von grauen, alten Steinhäusern geprägten, verwinkelten Fischerort, dem Geranientöpfe und Oleander Farbe und Flair verleihen. Der Zusammenhalt der Fischer ermöglichte 1585 den Bau der Hafenfestung: Sie waren der ständigen Piratenüberfälle so überdrüssig, dass sie ihren Fang freiwillig besteuerten und mit dem so erwirtschafteten Geld (und etwas Hilfe von Venedig) das kleine Fort errichteten. Darin erläutert das Fischereimuseum, **Ribarski muzej** (Hrvatskih mučenika 17, Sommer tgl. 10–12, 19–22 Uhr, 20 Kn), die althergebrachten Fischfangtechniken mit Komižas traditionellem Bootstyp, der *falkuša*. Die schnellen Segler erleben gerade eine Renaissance. U. a. richten die Fischer jedes Jahr im Juni eine *falkuša*-Regatta zur Insel Palagruža aus. Fotografien dieses Wettrennens sind ebenfalls im Museum ausgestellt – tolle Aufnahmen, die Spannung und Begeisterung der Teilnehmer einfangen!

### Buchten-Hopping an der Südküste

Vis besitzt eine Reihe von – teils nur mit dem Boot zugänglichen – Traumbuchten. Am leichtesten erreichen Sie **Stončica** nordöstlich von Vis-Ort. Vom Parkplatz laufen Sie noch ca. 10 Min. bergab an den Strand (Sand, Feinkies, üppige Vegetation und *konoba*). Nicht ganz so einfach geht's zur **Uvala Stiniva** im Südosten: Die Zugangsstraße verläuft von Plitsko Polje nach Marine Zemlje und Donja Žužeca, dann heißt es laufen (ca. 30 Min. steil bergab). Es erwarten Sie ein Traum aus Kieseln, Pinien und türkisfarbenem Meer, ein improvisiertes Café und ein von zwei hohen Klippen gebildetes Felsentor, das nur einen schmalen Durchgang zum offenen Meer freilässt.
Und falls es unbedingt Sand sein muss, dann ab zur **Zaglav-Bucht,** 15 Min. zu Fuß vom Dörfchen Milna im Südosten. Feiner geht's nicht!

### Bootstour zur Blauen Grotte
**Biševo**

Die **Blaue Grotte** (Modra špilja) von Biševo (🗺 südwestl. E 10) ist Ziel von Ausflugsfahrten ab Komiža. Wenn die Sonnenstrahlen um die Mittagszeit durch einen Felsspalt auf das Wasser in der Höhle treffen, erstrahlt es intensiv türkis.

Organisierter Ausflug (z. B. mit Alternatura, ▶ S. 66) ab ca. 150 Kn/Pers. zzgl. Höhleneintritt

*Blau blüht hier nicht der Enzian.*

# SCHLEMMEN, SHOPPEN, SCHLAFEN

 **In fremden Betten**

### Eleganz in der Altstadt
**San Giorgio**

Ein sehr komfortables und sehr liebenswert geführtes Haus in der Altstadt mit einem hübschen Innenhof und Garten. Zum Strand eine Viertelstunde Fußweg.

Petra Hektorovića 2, Vis-Kut, T 021 60 76 30, www.hotelsangiorgiovis.com, DZ/ÜF um 1200 Kn

### Design-Apartments
**Villa Linné**

Die Apartments und Reihenhäuser der kleinen Anlage (jeweils mit 2 Schlafzimmern) haben Blick auf Altstadt und Meer und sind obendrein todschick eingerichtet.

Mate Balić, S.S. Krajnica 36, Vis-Kut, T 091 27 11 007, www.balic.se, Apartment um 850 Kn, Häuser teurer

 **Satt & glücklich**

### Der Tradition verbunden
**Kod Paveta**
Ein sympathischer Familienbetrieb! Gekocht wird, was Garten, befreundete Bauern und Fischer hergeben. Dazu selbstgebackenes Brot. Es schmeckt köstlich!
Ivana Farolfija 42, Vis-Kut, T 021 71 13 44, www.kodpaveta.com, Hauptgericht um 90 Kn

### Am Wasser gebaut
**Konoba Težok**
Die *konoba* am Ortsrand von Vis-Stadt zeigt mit einer übersichtlichen Karte, dass sie auf Klasse statt Masse setzt. Gute Küche und dazu eine schöne Aussicht.
Kralja Petra Krešimira IV 13, Vis-Kut, T 099 518 82 66, Hauptgericht um 90 Kn

### Anspruchsvoll und originell
**Konoba Jastožera**
Von den Becken unter der Terrasse wurden lange Zeit Langusten exportiert; heute werden sie darüber verzehrt – und viele andere Fisch- und Fleischspezialitäten.

Ivana Gundulića 6, Komiža, T 099 670 77 55, https://jastozera.eu, Hauptgericht um 130 Kn

### Unter Palmen
**Konoba Stončica**
Strand, Reggae, entspanntes Essen, Beachvolleyball. Spezialität ist Lamm aus der Peka.
Stončica-Bucht, T 021 71 19 52, Sommer tgl., Winter geschlossen, Hauptgericht um 110 Kn

 **Sport & Aktivitäten**

### Über Wasser
**Alternatura**
Die Agentur organisiert Exkursionen nach Biševo und Touren zu den alten Militäranlagen. Besonders reizvoll sind die Ausflüge mit Seekajaks (ab 240 Kn/ Pers.) zu den schönsten Buchten der Südküste.
Hrvatskih mučenika 2, Komiža, T 021 71 72 39, www.alternatura.hr

### INFOS UND TERMINE

**ⓘ Infos**
**TZ Vis:** Šetalište Stare Isse 5, T 021 71 70 17, www.tz-vis.hr, Sommer Mo–Sa 8–20, So 14–16, Vor-/Nachsaison Mo–Sa 8.30–13.30, 18–20, Winter 8–14 Uhr

*Paddeln Sie gerne? Dann sollten Sie auf Vis eine Tour per Seekajak machen. Nur so gelangen Sie zu den schönen, abgeschiedenen Buchten an der Südküste.*

**TZ Komiža:** Riva Sv. Mikule 2, Komiža, T 021 71 34 55, www.tz-komiza.hr, Sommer tgl. 8–21, Winter Mo–Sa 8–14 Uhr

**❶ Termine**

**Rota Palagruzona:** Die Regatta der Falkuša-Boote ist Höhepunkt des Festivals in der letzten Juniwoche; Infos auf www.tz-komiza.hr.

**❶ Verkehr**

**Fähre:** www.jadrolinja.hr. Autofähre bzw. Katamaran mehrmals tgl. zwischen Split und Vis-Ort

**Busse auf Vis:** Busse zwischen Vis und Komiža, Fahrplan auf www.tz-vis.hr

# Insel Brač 🗺 F/G 8/9

**Brač ist die berühmteste, zugleich aber auch am wenigsten bekannte Ferieninsel Dalmatiens. Wie das zusammenpasst? Nun, kaum jemand spricht von Brač, wenn er über seinen Urlaub auf der Insel berichtet, stattdessen schwärmt er vom Goldenen Horn, dem legendären Inselstrand, oder bestenfalls von Bol, dem dazugehörigen Ort.**

Die größte zentraldalmatinische Insel (14 000 Einw.) besitzt mit der 778 m hohen Vidova Gora den höchsten Berg aller kroatische Eilande. Mit Pinien und Eichen bewaldete Hügel und fruchtbare Täler voller Weinranken und Olivenbäume prägen die Landschaft. Die Römer brachen auf der Insel den Stein, den sie für den Bau des Diokletianspalastes in Split benötigten. Noch heute findet der Bračer Marmor weltweit Abnahme. Wenn Sie sich für ihn und die Insel interessieren: ▶ S. 68.

## WAS TUN AUF BRAČ?

### Bol erkunden

**Bol** (🗺 F 9), der Ort an Kroatiens berühmtestem Strand, dem **Goldenen Horn** (Zlatni Rat), ist in erster Linie ein großes Ferienzentrum. Das Goldene Horn, eine 600 m ins Meer ragende Halbinsel mit Feinkiesstrand westlich

des Ortes, schätzen vor allem Familien mit Kindern (Achtung, wenig Schatten!). Wenn Sie nicht ›nur‹ relaxen und baden möchten, lohnt ein Bummel durch die kleine, blitzsaubere, geraniengeschmückte **Altstadt.** Oder aber Sie spazieren 500 m vom Hafen am Meer entlang nach Osten zum im 15. Jh. erbauten **Dominikanerkloster.** Das kleine Gotteshaus **Sv. Ivan** nebenan stammt noch aus der altkroatischen Epoche (10. Jh.). Auf dem Rückweg könnten Sie im Lokal **Ribarska kučića** einkehren, in Bol gerade der große Hit!

### Zum Kloster Blaca wandern

Der **Konvent** (🗺 F 9) im Talschluss einer vom Meer bergan führenden Schlucht stammt aus dem 16. Jh. Das heutige **Museum** (Di–So, Okt.–Mai 9–15, Juni–Sept. 9–17 Uhr, 40 Kn) stellt glagolitische Schriften und kostbare Bücher aus. Das ist aber nicht der Hauptgrund, Sie zu diesem Ausflug einzuladen. Die Tour – zuerst eine Stunde mit dem Boot, dann eine dreiviertelstündige Wanderung – ist einfach eine angenehme Abwechslung zu Sonne, Strand und Meer. Und der Anblick des in 250 m Höhe wie ein Adlerhorst im Fels klebenden Klosters ist überaus eindrucksvoll

Tour buchbar z. B. bei www.bolcroatia.com, in der Hochsaison tgl. um 140 Kn

### Supetar erkunden

Bračs Hauptort ist der Fährhafen **Supetar** (🗺 F 8). Malerisch rahmt das Halbrund der Steinhäuser die Bucht. Supetar wirkt nicht ganz so überlaufen und wesentlich ›normaler‹ als Bol. Pinienwälder beschirmen die östlich liegenden Felsbuchten mit den Hotel- und Apartmentanlagen.

7 km südöstlich von Supetar erlaubt das Dorf **Škrip** (🗺 F 9) mit seinen charakteristischen, Steinhäusern einen Blick auf das traditionelle Inselleben. Hier verkosten und kaufen Sie Honig, Wein, Grappa und Olivenöl direkt vom Erzeuger. Das kleine **Museum** (Sommer tgl. 9–19 Uhr, 20 Kn) hütet ethnografische und archäologische Exponate.

# Eine Insel als Steinbruch – **der Bračer Marmor**

**# 9**

**Der weiße Kreidekalkstein aus Brač hat den Weg zum Weißen Haus in Washington gefunden, er diente als Material der Kathedrale von Šibenik und schmückt den Berliner Reichstag: Der bereits in der Antike gebrochene Marmor von Brač ist heute noch begehrter Werkstoff und prägend für die Ferieninsel.**

Der weiße Stein grüßt Inselbesucher gleich bei Ankunft des Fährschiffes. An der tief eingeschnittenen Bucht von **Sumartin** 1 hat **Jadrankamen** sein Betriebsgelände, der Marktführer bei Abbau und Ausfuhr des Marmors. Das 1902 gegründete Unternehmen unterhält auf Brač zehn Steinbrüche und drei Fertigungsanlagen. Blöcke und Platten sind von jeher sehr gefragt.

Angefangen hat der Marmor-Boom mit Diokletian. Der zurückgetretene Kaiser ließ die Quader für seinen riesigen Palast in Split (▶ S. 60) aus Bračer Marmor hauen, denn er galt und gilt als besonders stabil und witterungsresistent – und ist dabei leicht zu verarbeiten.

## Die weiße Stadt

**Pučišća** 2 ist die Steinmetzhauptstadt der Insel: An der schmalen, fjordartigen Bucht gelegen ist es Hauptsitz von Jadrankamen und bildet Nachwuchs in der Steinmetzschule aus. Pučišćas bekanntester Steinbruch nordöstlich der Stadt heißt **Veselje** – Freude. Andrea Alessi, Mitarbeiter von Juraj Dalmatinac und nach dessen Tod sein Nachfolger in Šibenik (▶ S. 44), pachtete den Steinbruch bereits 1455! Eine schöne Vorstellung, dass der Stein für die wunderbare Renaissancekapelle (▶ S. 55) des Trogirer Doms vielleicht genau von hier stammt!

Spuren der langen Steinmetztradition sind überall präsent: Die Studenten der Steinmetzschule präsentieren vor dem Gebäude aus der k.-u.-k.-Zeit stolz ihre Arbeiten. Grabplatten bekannter Stein-

*Steinmetzschule in der Steinmetzhauptstadt – die Klesarska Škola (Novo riva 4) genießt einen guten Ruf.*

metze wie des Ciprijan Zuvetić (15. Jh.) schmücken die hübsche Renaissancekirche **Mariä Himmelfahrt.** Originelle Souvenirs aus Bračer Stein verkaufen Kunsthandwerker an den Ständen auf dem Markt-platz: dekorative Schalen und Schmuckanhänger mit altkroatischer Ornamentik. Die ganze Stadt strahlt im Weiß des Steins.

## Der Jakšić-Klan

Das zweite Steinmetzzentrum auf Brač ist **Donji Humac** **3** – grelles Weiß blendet auch hier die Augen. Im Dorf lebt und arbeitet Familie Jakšić, deren **Galerie** einen Besuch wert ist. 1903 bekam der Großvater des heutigen Familienoberhaupts die Erlaubnis, auf der Insel Stein abzubauen. Sein Sohn Lovre Jakšić arbeitete dann auch als Bild-hauer. Fragen Sie bei der Besichtigung der Gale-rija Jakšić nach den Steinköpfen, die Großvater Lovre unter dem Eindruck des Atombombenab-wurfs über Hiroshima geschaffen hat: Geradezu genialisch hat der Bildhauer das Material in eine Serie klagender Köpfe mit leeren Augenhöhlen und Mündern verwandelt. Lovre Jakšićs 1956 geborener Filius Dražen spezialisierte sich auf Architektur und avancierte zu einem der bekann-testen Industrie-Steinmetze Kroatiens. Doch mit der nächsten Generation kehrte die Liebe zur Bildhauerei zurück. Junior Lovre Jakšić formt den Stein zu geradezu organischen Objekten und nutzt geschickt das Raue, Unpolierte und die glänzend glatten Oberflächen als gestalterische Elemente.

INFOS/ÖFFNUNGSZEITEN

**Galerija Jakšić:** Donji Humac 75, T 098 70 19 03, www.galerijajaksic.com, Mo–Fr 9–20, Sa/So 10–18 Uhr

KULINARISCHES FÜR ZWISCHENDRIN

Unter der schattigen Pergola seines aus Bračer Stein erbauten Hauses serviert Pipo in seiner **Taverna Pipo** **1** (Pučišća, Luka, T 021 784 54 95, www.pipo1. com, Hauptgericht um 120 Kn) den frischesten Fisch der Insel. Danach lockt das Meer zu einem Sprung ins Wasser.

*Ob das der richtige Tipp für Radfahrer ist? Aber auch auf Brač wird guter Wein produziert …*

## SCHLEMMEN, SHOPPEN, SCHLAFEN

 **In fremden Betten**

Strandhotels sowohl in Supetar als auch in Bol sind in den meisten Reisekatalogen gelistet. Zwei individuellere Alternativen:

### Naturerlebnis unter Oliven
**Camp Kanun**
Der kleine und sehr familiär geführte Platz mit Yoga-Retreat liegt etwas oberhalb von Bol in einem Olivenhain. Sanitäranlagen, Grill, Küche mit Kühlschränken, alles in gutem Zustand.
Bračka cesta bb., T 021 63 52 93, www.smilisyoga.com, Stellplatz für zwei Personen um 140 Kn

### Romantisch im Kastell
**Kaštil**
Das elegante Hotel in barocken Mauern steht unweit von Bols Hafen und ist ideal für Reisende, die abseits vom Strandrummel wohnen möchten.
Frane Radića 1, Bol, T 021 63 59 95, www.kastil.hr, DZ/ÜF um 500 Kn

### Nostalgie am Wasser
**Villa Vela Luka**
Die historische, jüngst renovierte Villa in üppigem Park und direkt am Strand gelegen setzt sich von den 0815-Strandhotels durch Stil und Atmosphäre ab. Wählen Sie ein Zimmer mit Balkon zum Meer – romantisch!
Put vele luke 10, Supetar, T 01 384 42 88, www.bluesunhotels.com, DZ/ÜF um 600 Kn

 **Satt & glücklich**

### Speisen in der Fischerhütte
**Ribarska kučića**
Das alte Steinhaus mit Terrasse liegt direkt am Meer, und das alleine sorgt für regen Zuspruch. Reservierung empfohlen!
Ante Starčevića bb, Bol, T 021 63 50 33, auf Facebook, Hauptgericht um 110 Kn

### Grillparadies
**Taverna Riva**
Fisch wie Fleisch, auf den Punkt gegrillt, werden hier aromatisch gewürzt serviert.
Frane Radića 5, Bol, T 021 63 52 36, https://tavernariva-bol.com, Hauptgericht um 110 Kn

### Lokalmatador
**Bistrot Palute**
Große Portionen, gutes Essen, Deftiges vom Grill – was braucht's mehr für die Lieblingskneipe der Einheimischen!
Put Pasike 16, Supetar, T 021 63 15 41, Hauptgericht um 95 Kn

### Blick aufs Meer
**Konoba Bokuncin**
Noch ein Geheimtipp ist diese *konoba* an der Marina des Nordküstenstädtchens Sutivan (🗺 F 8); äußerlich wirkt sie ganz traditionell, doch sie überrascht mit innovativer dalmatinischer Küche.
Obala Kralja Tomislava 26, Sutivan, T 021 63 83 38, www.facebook.com/bokuncin1, Hauptgericht um 90 Kn

 **Stöbern & entdecken**

### Bračer Marmor
**Galerija Jakšić:** ▶ S. 69

### Olivenöl für die Haut
**Brač fini sapuni**
Die Seifen aus Bračer Olivenöl sind mit unterschiedlichsten Kräutern aromatisiert – schöne Mitbringsel für die Daheimgebliebenen!
Strančica 24, Postira, T 021 63 21 68, www.bracfinisapuni.com

###  Sport & Aktivitäten

### Mit dem Kajak unterwegs
**Big Blue Sport**
Kurse und Verleih von Seekajaks und SUP-Brettern.
Podan Glavice 2, Bol, T 021 63 56 14, www.bigbluesport.com, Kajak 65 Kn/Std., SUP 100 Kn/Std.

### Über die Wellen fliegen
**ZOO Station**
Der Kanal zwischen der Insel Brač und der Insel Hvar gilt wegen des beständigen und kräftigen Windes als einer der besten Windsurf-Spots in Europa. Bretter gibt's an den Stränden von Bol zu mieten, so auch bei ZOO Station.
Put zlatnog rata, Bol, http://zoo-station.com, 240 Kn/Std.

### INFOS

### ❶ Infos
**TZ Bol:** Porat bolskhi pomoraca bb, T 021 63 56 38, www.bol.hr, tgl. Juli/Aug. 8.30–22, Juni, Sept. 8.30–14, 16.30–21, sonst Mo–Fr 8.30–14 Uhr
**TZ Supetar:** Porat 1, 21400 Supetar, T 021 63 05 51, www.supetar.hr, Juni–Sept. tgl. 8–22, sonst Mo–Sa 8.30–15.30 Uhr

### ❶ Verkehr
**Fähre:** www.jadrolinija.hr. Die Autofähre zwischen Split und Supetar legt in der Hochsaison ca. alle 2 Std. ab, bei Andrang fährt sie nach Bedarf auch häufiger. Ohne Auto kann man auch von Split per Katamaran nach Bol fahren. Eine weitere Autofähre verbindet Makarska und Sumartin.

**Busse auf Brač:** gutes Busnetz, Fahrplanauskunft bei den Tourismusbüros oder auf www.arriva.com.hr

# Insel Hvar 🗺 F–H 9

**Lauschige Hafenstädtchen, landschaftliche Schönheit und ein mildes Klima – Hvar verdankt seine Pluspunkte den hohen Bergen von Brač, die vor der Bora schützen und so die 300 km² große und 12 000 Einwohner zählende Insel beim internationalen Jet-Set beliebt machen. Auf den vielen kleinen, mit Trockenmauern gesäumten Feldern blüht im Juni der Lavendel; schwer liegt der Duft der Blüten über der Landschaft.**

### WAS TUN AUF HVAR?

### Über Hvars mondäne Seite staunen
Und die konzentriert sich in und um Hvar-Stadt (🗺 F 9), was unschwer an der Menge von Luxusjachten am Kai zu erkennen ist. Ob heute wirklich noch so viel Society vorbeischaut wie zu Beginn der 2010er-Jahre, als Beyoncé, Bill Gates, Michael Douglas und Roman Abramovich die malerische Hafenstadt unsicher machten, sei dahingestellt. Aber nach wie vor nimmt die Insel einen prominenten Platz in den Leute-Kolumnen von Vogue, Harper's Bazaar & Co. ein. Gerüchte besagen, US-Ex-Präsident Donald Trump besäße auf Hvar sogar eine eigene Jagd (also Vorsicht!). Lassen Sie sich nicht von den aufgemotzten Privatbooten ablenken! Zollen Sie lieber dem lang gestreckten Hauptplatz **Trg Sv. Stjepana** Bewunderung: Da hat sich nämlich einiges an (steinernen) Schönheiten versammelt: Zunächst einmal die barocke Brüstung des *mandrač* genannten, quadratischen **Hafenbeckens 1**, in der Normalsterbliche ihre Nussschalen vertäuen. Die ehemalige **Renaissanceloggia** und der **Uhrturm** sind geschickt in ein Hotel integriert.

Im **Arsenal** 2 gegenüber hatte Hvar – wie alle von Venedig abhängigen Städte – ein Kriegsschiff für den Verteidigungsfall vorzuhalten. Die Hvarer bauten dem Lager 1612 ein kleines **Schauspielhaus** (beide Juni–Sept. tgl. 9–21 Uhr, 50 Kn) aufs Dach und hatten damit das älteste Theater Südeuropas kreiert. Von der Terrasse davor haben Sie einen tollen Blick auf das Treiben am und auf dem Trg Sv. Stjepana!

Das Ostende des Platzes nimmt, sehr dekorativ, die Renaissancebasilika **Sv. Stjepan** 3 ein. Auffällig ist ihr Turm, gegliedert in drei Abschnitte mit je zwei-, drei- und vierfach gekuppelten Fenstern.

Auch der **Bischofspalast** 4 daneben entstammt dem 16. Jh. und komplettiert mit seinen klassischen Proportionen das Ensemble. In der Dämmerung, wenn erste Laternen den Platz erhellen, wirkt es besonders fotogen.

Der Trg Sv. Stjepana selbst, die *pjaca*, ist natürlich der Ort für den *korzo* am frühen Abend.

Nach Norden klettert die **Altstadt** vom Platz aus hügelaufwärts bis zur 1557 erbauten **Festung Španjola** 5 (April–Okt. 10–21 Uhr, im Winter meist geschl., 50 Kn): ein fantastischer Aussichtspunkt.

### Sehen und Gesehenwerden – in Hvar-Stadt
▶ S. 74

### Die beschauliche Seite der Insel kennenlernen

In **Stari Grad** (🗺 F 9), wo sonst? Die Siedlung an einer tiefen, geschützten Bucht gründeten schon 384 v. Chr. die Griechen und etwas von deren stoischer Lebensauffassung scheinen die Bewohner Stari Grads ins Heute gerettet zu haben. Der Bär tanzt hier wohl nie; eher steigt man versonnen in ein Seekajak und paddelt in den Sonnenuntergang. Schmale, schattige Gassen, ein kleines Stück Stadtmauer, eine Kirche, die früher mal Kathedrale war – bummeln Sie einfach durch die Altstadt und genießen Sie deren

Unaufgeregtheit. Ach ja, da wäre noch ein etwas verwirrendes UNESCO-Welterbe:

### Auf den Spuren antiker Bauern – im Polje von Stari Grad
▶ S. 78

## MUSEEN, DIE LOHNEN

### Besinnung und Kirchenkunst
**Franziskanerkloster** 6
Der im 15. Jh. gestiftete Konvent sperrt allen Rummel aus. Nehmen Sie sich Zeit für das Abendmahl-Gemälde im Refektorium (17. Jh.) – Jesus hat Sie immer im Visier. Die Räume dahinter bergen sakrale Kunst und Exponate der Unterwasserarchäologie. Die Lünette der einschiffigen, gotischen Kirche schmückt ein Relief der Jungfrau mit Kind, das Nikola Firentinac im 15. Jh. skulptierte. Den Abschluss bildet ein ungemein friedlicher Kreuzgang.
Franjevački samostan, Šetalište put križa, Mai–Okt. Mo–Sa 10–12, 17–19 Uhr, 30 Kn

### Das Haus des Dichters
**Schloss Tvrdalj in Stari Grad**
Der Sommersitz Petar Hektorovićs (1487–1572) ist ein typisches Beispiel für eine Renaissance-Residenz mit schönem Garten und Fischteich im Innenhof. Geschmückt ist das Anwesen mit Zitaten aus des kroatischen Dichters Werk.
Stari Grad, Mai–Okt. 10–13, Hochsaison auch 17–20 Uhr, 20 Kn

## SCHLEMMEN, SHOPPEN, SCHLAFEN

### 🏠  In fremden Betten

### Hostel mit Familienanschluss
**Villa Skansi**
Ob im Haupthaus mit Schlafsälen oder im Anbau mit einfachen Doppelzimmern mit Bad – hier geht's familiär zu: Chef Matko kümmert sich um jeden Gast persönlich.
Domovinskog rata 18, Hvar-Stadt, T 091 906 52 52, auf Facebook, DZ um 450 Kn

# HVAR-STADT

*Sundowner*

# Sehen und Gesehenwerden – **in Hvar-Stadt**

**Hvar-Stadt sei das kroatische Saint Tropez, titeln die internationalen Society-Magazine. Deshalb müssen Sie natürlich nicht nach Hvar fahren, aber vielleicht haben Sie Lust auf ein bisschen Jet-Set-Flair?**

# 10

Unter den ersten Prominenten im Städtchen taucht 1875 Kaiser Franz-Josef I. in den Annalen auf. Die jugoslawische Ära brachte wenig Prominenz, aber das sollte sich mit Kroatiens Unabhängigkeit ändern: Catherine Zeta Jones und John Malkovich schnupperten hier Inselluft; königliche Hoheiten wie Caroline von Monaco und Prinz Harry schauten vorbei. Die New York Times rief die Geburt einer neuen ›Riviera‹ aus, mit Hvar als »Hideaway for the creative poor and the very rich«.

## Beachen in Hvar-Stadt

Auch ohne Stars kann das Leben auf Hvar exklusiv sein. Das fängt mit dem Baden an: Wählen Sie den nostalgischen Strandclub **Bonj ›les bains‹** ❶ in der Amfora-Bucht mit Holzplattformen und Edel-Liegestühlen. Alternative: Im **Carpe Diem Beach Club** ❷ auf Marinkovac, einer Insel der vorgelagerten Pakleni otoci, machen Beach-Volleyball-Felder, Lounge-Couchlandschaften und DJs den Tag am Meer zur Dauerparty.

*Für wen mag der Tisch reserviert sein?*

## Kürzu und Abendessen

Jung und Alt promenieren so ab 19 Uhr über die *pjaca,* den **Trg Sv. Stepjana** – natürlich mit scharfem Blick dafür, welche Klamotten, Clutches oder Frisuren die Konkurrenz zur Schau stellt. Ist man ausgiebig gelaufen, verteilt sich die Menge. Die Feriengäste schlagen sich in die Gassen, die zur spanischen Festung führen, und haben hier die Qual der Wahl: Lieber ins angesagte **Giaxa** ❶, den Ort, wo Kochen Kunst ist? Hinter gotischen Mauern erwartet Sie hier eine distinguierte At-

*Ob am Strand oder in der Stadt, ob in einer Beach Bar oder einem Café am Hafen – fast könnte man meinen, man sei nicht in Hvar, sondern in St-Tropez.*

mosphäre und die Küche präsentiert sich als Pot-pourri aus Hvarer Kräutern und venezianischer Raffinesse. Das Giaxa ist schon seit einigen Jahren kulinarischer Spitzenreiter auf der Insel. Oder lieber das **Passarola** ❷ ausprobieren, modernes Styling mit uralten, modern interpretierten Rezepten? Dessen Speisekarte liest sich wie ein genussvoller Spaziergang durch die Vielfalt der unterseeischen Fauna. Und wenn ein besonders romantischer Abend geplant ist, gehe ich ins **Macondo** ❸. In diesem beliebten, versteckt liegenden Lokal gibt's nur eins: die weltberühmte Fischsuppe Gregada bestellen, eine lokale Spezialität, und zu zweit auslöffeln.

## Hinein ins Nachtleben

Als erster Anlaufpunkt – zum Sonnenuntergang mit Cocktails und DJ-Sounds ist die **Hula Hula Beach Bar** ❊ die Bar der Wahl. Wobei das **Carpe Diem** ❊ an der Riva nach wie vor heftig Paroli bietet. Die Bar ist seit Jahren Favorit der Partyszene – Lounge und Club müssten bald im Rentenalter sein, brennen aber immer noch lichterloh. Nur wenige Schritte entfernt geht es im **Central Park Club** ❊ nicht ganz so schrill und partygierig zu – dafür treten interessante Live-Acts auf, von Jazz über Folk bis Rock. Den Absacker in Form von Espresso und *paprenjok,* einer Art Pfefferkuchen, gibt's dann auf der *pjaca,* wo die **Cafés** öffnen, wenn die Clubs schließen.

Und der nächste Tag beginnt wie der gerade vergangene: im Bonj ›les bains‹ oder im Carpe Diem Beach Club …

**INFOS/ÖFFNUNGSZEITEN**

**Bonj ›les bains‹** ❶: Amfora-Bucht, www.bonjbeachhvar.com, Liegestuhl 300 Kn/Tag

**Carpe Diem Beach Club** ❷: auf Marinkovac, http://www.carpe-diem-beach-hvar.com/, Shuttleservice vom Hafen, Preise auf Anfrage

**Giaxa** ❶: Petra Hektorovića 3, T 021 74 10 73, www.giaxa.com, Hauptgericht um 180 Kn

**Passarola** ❷: Dr. Mate Miličića 10, T 021 71 73 74, http://restaurant-passarola.eu/, Hauptgericht um 180 Kn

**Macondo** ❸: Groda, T 021 74 28 50, Hauptgericht um 130 Kn

**Hula Hula Beach Bar** ❊: Petričevo Šetalište 10, T 095 911 18 71, www.hulahulahvar.com

**Carpe Diem** ❊: Riva bb, www.carpe-diem-hvar.com

**Central Park Club** ❊: Sveti Marak 2, Bankete bb, www.klubparkhvar.com

### Wohnen in der Altstadt
#### Hidden House 2
Das charmante B&B in einem Alt-
stadthaus in Stari Grad bezaubert mit
fünf sehr individuell und romantisch
eingerichteten Zimmern und einem
unterhaltsamen, britischen Gastge-
berpaar.
Duolnjo Kola 13, Stari Grad, T 091 266 44 44,
www.hidden-house.com, DZ/ÜF um 900 Kn

### Top-Styling und -Lage
#### Riva 3
Zum Sehen und Gesehenwerden:
postmoderne Einrichtung, coole
Lounge-Bar, japanisches Restaurant
– ein todschickes Hotel mit Blick über
den Jachthafen.
Riva bb, Hvar-Stadt, T 021 75 01 00, www.
suncanihvar.com, DZ/ÜF um 800 Kn

..........................................

## Satt & glücklich

Zu den tollen Restaurants in Hvar-
Stadt wie **Giaxa** 1 (▶ S. 74), **Passarola** 2 (▶ S. 75) und **Macondo**
3 (▶ S. 75) zählt auch das Black
Pepper (s. u.). Doch auch in beschau-
licheren Orten auf Hvar werden Sie
fündig.

### Kulinarischer Himmel auf Hvar
#### Black Pepper 4
Dieses schicke Lokals stürmt gerade
alle Feinschmecker-Hitparaden. Dalma-
tinische Küche mit frechem Pfiff ist zur
Zeit in. Rechtzeitig auf die Warteliste
setzen lassen!
Skaline od Gujave 11, T 095 750 97 90, auf
Facebook, Hvar-Stadt, Hauptgericht um 120 Kn

### Gegen den Schicki-Micki-Trend
#### Luviji Rooftop 5
Auf der Karte stehen nur einige wenige
Gerichte, und die werden frisch zubereitet. Essen wie bei der dalmatinischen
*nona*, und das Ganze wird auf einer
romantischen Altstadt-Dachterrasse
serviert.
Jurja Novaka 6, Hvar-Stadt, T 091 519 84 44,
www.facebook.com/rooftoppluviji, Hauptgericht
um 120 Kn

### Terrasse am Meer
#### Konoba Kotin 4
Die *konoba* 5 km östlich von Hvar ver-
dient schon wegen ihrer Terrasse einen
Besuch. Und weil hier ein Meister
seines Fachs kocht, schmeckt das
Essen hervorragend.
Milna 37, Milna, T 021 74 50 10, Hauptgericht
um 110 Kn

### Lamm mit Aussicht
#### Vidikovac Levanda 5
Am schönsten Aussichtspunkt über
Stari Grad (🗺 F 9) gibt es Lamm aus
der Peka.
Vordušće 1, Velo Grablje, T 021 78 45 24, https://
vidikovac-levanda.com, Hauptgericht um 100 Kn

### Romantisch
#### Antika 6
Nettes Altstadtlokal in Stari Grad (🗺 F 9)
mit Fischspezialitäten. Später am Abend
wird es zur Cocktailbar mit Drinks und
guter Stimmung.
Donja kola 24, Stari Grad, T 021 76 54 79,
Hauptgericht um 100 Kn

..........................................

## Stöbern & entdecken

### Nur nicht auffallen
#### Thesaurus Jewellery 🛈
Die nicht gerade dezenten, aber tollen
Schmuckkreationen verschiedener kroatischer Designer ergänzt edles Beiwerk
wie Pashmina-Schals.
Kroz Grodu 10, Hvar-Stadt, T 091 536 33 18,
www.thesaurus-jewellery.com

### Es blüht so lila
#### Lavendel 2
Zentrum des Anbaus ist das Dorf **Brusje**
(🗺 F 9), 6 km nördlich von Hvar-Stadt.
Hier verkauft so gut wie jeder Lavendel-
produkte.

..........................................

## ☀ Wenn die Nacht beginnt

In Hvar-Stadt herrscht ein lebhaftes
Nachtleben, angesagt sind etwa **Hula
Hula Beach Bar** , **Carpe Diem** ,
**Central Park Club** ; alle ▶ S. 75.

*Lavendel und Landidyll statt Lifestyle, auch das gibt es auf Hvar – nur nicht in Hvar-Stadt.*

 **Sport & Aktivitäten**

### Beachen & Chillen
**Beach Clubs**
In der Amfora-Bucht (**Bonj ›les bains‹ ❶**, ▶ S. 74) und auf den vorgelagerten Pakleni otoci (**Carpe Diem Beach Club ❷**, ▶ S. 74). Der mit Pinien bewaldete Inselarchipel vor Hvar-Stadt ist eines der beliebtesten Ausflugs- und Badeziele. Einige Strände vor allem auf der Insel Jerolim sind FKK-Jüngern vorbehalten, andere überhaupt nur per Taxi- oder eigenem Boot erreichbar.

### Die Insel auf eigene Faust erkunden
**Luka Rent ❸**
Wenn Sie nicht mit dem eigenen Fahrzeug auf die Insel gekommen sind: Hier können Sie Autos mieten, aber auch Fahrräder, Motorroller und Boote.
Riva 24, Hvar-Stadt, T 021 74 29 46, www.lukarent.com

### Vor den Promis fliehen
**Diving Center Viking ❹**
Die Basis 1,5 km westlich von Hvar-Stadt organisiert im Sommer Tauchkurse (PADI) und -exkursionen. Garantiert Celebrity-frei!
Put Podstina 7, T 091 620 58 47, www.viking-diving.com

## INFOS

❶ **Infos**
**TZ Hvar-Stadt:** Trg sv. Stjepana 42, T 021 74 10 59, https://visithvar.hr/, Sommer tgl. 8–14, 19–21, Vor-/Nachsaison kürzer, Winter nur Mo–Fr 8–14 Uhr
**TZ Stari Grad:** Obala Dr. Franje Tuđmana 1, T 021 76 57 63, www.stari-grad-faros.hr, tgl. Sommer 8–22, Vor-/Nachsaison 8–14, 15–20, Winter Mo–Fr 8–14 Uhr

❶ **Verkehr**
**Fähre:** www.jadrolinija.hr. **Autofähren** von Split nach Hvar-Stadt oder Stari Grad und von Drvenik nach Sućuraj. Von Sućuraj sind es ca. 70 km auf schmalen Straßen bis Hvar-Stadt. **Katamaran** (nur für Personen) von Split nach Hvar-Stadt. **Busse auf Hvar:** Busse fahren abgestimmt auf die Fährzeiten die Inselorte an; Infos bei den TZs.

# Makarska Riviera

◫ G 8/9

**Im Rücken das wilde, unter Naturschutz stehende Biokovo-Gebirge, voraus die Adria mit den Inseln Brač und Hvar und dazwischen Küstenstädtchen, mehr oder**

# Auf den Spuren antiker Bauern – **im Polje von Stari Grad**

**2008 erklärte die UNESCO das Starigradsko polje, eine fruchtbare Ebene, in dem Bauern Wein und Oliven anbauen, zum Weltkulturerbe, weil Kataster und Anbaumethoden auf die griechische Kolonisierung der Insel zurückgehen. Das Besondere an diesem unspektakulären Tal zu finden ist nicht einfach, aber spannend!**

Um 400 v. Chr. machten sich Griechen aus Paros auf die Suche nach neuem Land. Fündig wurden sie auf der Adriainsel Hvar, wo bereits Illyrer siedelten. Hier gründeten sie 384 v. Chr. die Stadt Pharos.

## Invasion der Hungernden

Man weiß, dass die Griechen das Tal mit Wachtürmen sicherten. Und sie gingen daran, es getreu ihren Regeln in Parzellen *(chora)* zu teilen, eine jede der 75 *chora* maß 900 x 200 m. Im **Museum des Dominikanerklosters** 1 stehen jene Steine, mit denen die Kolonisten ihr Land markierten. Der Katastereintrag ist noch deutlich zu lesen.

*Auf Hvar sind sie noch erhalten: die rechteckig angelegten Parzellen mit den sie begrenzenden Trockenmauern, wie sie die Griechen einst anlegten.*

## Nachhaltiges System

Dieses antike Kataster haben alle nachfolgenden Generationen übernommen. Die Römer, die Pharos und Hvar Mitte des 2. Jh. v. Chr. eroberten, teilten die *chora* in fünf Untereinheiten. Auch nachdem Pharos im 12. Jh. christlicher Bischofssitz und Mitte des 13. Jh. von Venedig erobert war, behielten die jeweiligen Herren das Kataster bei. Wichtig für den Erhalt der antiken Strukturen war die Pflege der Trockenmauern, die bis heute den von griechischen Vermessern vorgegebenen Linien folgen.

**W**
**WEIN**

Die Weinkellerei Pinjata produziert u. a. den weißen **Bogdanjuša.** Unbedingt probieren, denn sein Name hält, was er verspricht: Er macht den Tag endgültig zu einem Gottesgeschenk (*bog* = Gott, *dan* = Tag)!

## Radeln auf dem Decumanus

Das **Polje von Stari Grad,** es erstreckt sich bis Vrobska, erkunden Sie am besten mit dem Fahrrad, zur leichteren Orientierung empfiehlt sich ein GPS-Gerät. Von Stari Grad radeln Sie nach Osten Richtung **Elektrizitätswerk,** überqueren die Umgehungsstraße und finden sich sofort zwischen Steinmauern und Olivenhainen auf dem ehemaligen **Decumanus** wieder. Ein Stück geradeaus und Sie sehen rechts auf dem Feld Fundamente römischer Mauern. Sie gehören zu einer **Villa Rustica** 2, einem etwa 1 ha großen Anwesen, dessen Überreste zwischen Mohnblumen und Ginster vor sich hin schlummern.

## Zum Nabel des Feldes

Hinter der Villa Rustica biegen Sie an der Kreuzung links ab, fahren bis zur nächsten Kreuzung und dort rechts. Linker Hand sehen Sie nach wenigen Metern eine traditionelle **Steinhütte** 3, *trim* genannt, in der Bauern Arbeitsgerät aufbewahrten. Die Steine dafür stammten, wie die für die Trockenmauern, von den Feldern. Noch heute arbeiten die Bauern im Prinzip genau so.

Weiter nach Osten erreichen Sie an der nächsten Kreuzung den antiken ›Nabel‹ des Feldes von Stari Grad, den **Omphalos** 4. Von hier aus hatten die Kolonisten das Land vermessen. Nun nach links (Norden) radelnd gelangen Sie zum Hügel **Masnović** 5, wo sich unter Macchia die Fundamente des antiken Verteidigungssystems verstecken.

## Flüssige Belohnung

Zum Abschluss bietet sich ein Abstecher nach **Vrobska** an, um in der **Weinkellerei** bzw. **Konoba Vina Carić** ❶, die auf dem antiken *polje* angebauten Weine zu verkosten, z. B. den weißen Bogdanjuša.

INFOS/ÖFFNUNGSZEITEN
**Dominikanski Samostan** 1: Mai–Okt. 9.30–12.30, 17–19.30 Uhr, 20 Kn
**Villa Rustica** 2: 43° 18' 54,4" N, 16° 60' 10,2" E
**Trim (Steinhütte):** 43° 10' 59,4" N, 16° 37' 30,7" E
**Omphalos:** 43° 10' 57,7" N, 16° 37' 41,4" E
**Masnović:** 43° 11' 43,4" N, 16° 37' 55,4" E
**Weinkellerei / Vina Carić** ❶: Vrboska 211, T 098 160 62 76, www.vinohvar.hr, Mo–Sa 11–23, So 17–23 Uhr
**Luka Rent:** Fahrradverleih, ▶ S. 77

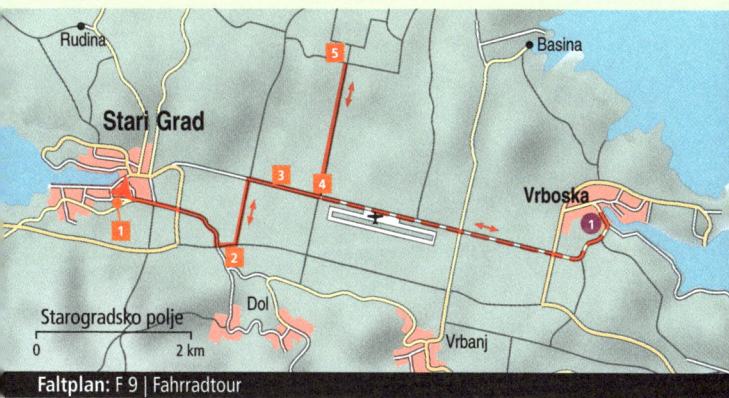

Starogradsko polje
0    2 km

Rudina • Basina
**Stari Grad**
Vrboska
Dol
Vrbanj

**Faltplan:** F 9 | Fahrradtour

weniger dem Badetourismus verschrieben. Das dank schützender Berge milde Klima und die familienfreundlichen Kiesstrände schmälern die Attraktivität der Riviera auch nicht gerade. Logisch, dass das Freizeitangebot vor allem um Wassersport und Wandern kreist, während sich kulturelle Sehenswürdigkeiten rar machen.

## WAS TUN AN DER MAKARSKA RIVIERA?

### Von Ort zu Ort tingeln und Strände testen

Hauptort der 55 km langen Makarska Riviera zwischen Brela und Podgora ist **Makarska** (📖 G 9, 13 000 Einw.). Hier öffnete 1914 das erste Hotel seine Pforten und hier finden Sie auch die längsten Strände – fast der gesamte Küstenbereich besteht aus Feinkies. Baden können Sie überall, manchmal müssen Sie Liegestuhl und Schirm mieten. Mein Favorit ist die **Plaža Luka Deep** im Süden am Park Osejava. Teils ›bewirtschaftet‹, also mit Liegen- und Schirmverleih, Bar und Sportangebot, teils wild und den schattigen Park im Rücken.

Etwa 15 km (also auch gut mit dem Rad zu machen, wenn man den Verkehr auf der Küstenstraße nicht scheut) sind es bis **Brela** (📖 G 8) im Norden. Dort wartet das wohl bekannteste Motiv der Riviera: der **Fels von Brela.** Die mit

Das **Museum** in Makarskas Franziskanerkloster (Malakološki muzej, Franjevački put, Sommer Mo–Sa 10–19, So 10–13 Uhr, 30 Kn) brilliert mit einer der schönsten Muschel- und Schneckensammlungen Europas (über 3000 Exponate), also nichts wie hin, wenn Sie sich für Mollusken interessieren.

einer dramatisch windzerzausten Pinie bewachsene Klippe im Meer schmückt den Feinkiesstrand von **Punta Rata** – am schönsten, wenn beim Felsen die rote Sonne im Meer versinkt.

Zum Baden fahre ich gerne weitere 11 km nach Norden nach **Pisak** (📖 G 8) mit mehreren Kies- und teils sogar Sandbuchten – dort ist meist nicht so viel los.

### Oder doch ein bisschen Wandern?

Liegt eigentlich auf der Hand, mit einem solchen Bergklotz im Rücken! In den heißen Sommermonaten würde ich aber Nicht-Trainierten davon abraten, denn das Biokovo steigt vom Meer sehr steil auf und endet erst bei über 1700 m. Daher bieten sich kürzere Ausflüge an, so zum **Botanischen Garten von Kotišina** (📖 G 9) in rund 350 m Höhe oberhalb von Makarska (eine Dreiviertelstunde Fußweg bergauf). Endemische Pflanzen, eine hübsche Schlucht und schöne Aussichtspunkte sind der Mühe Lohn.

## SCHLEMMEN & SCHLAFEN

 **In fremden Betten**

### Preiswert und kommunikativ
**Hostel Makarska SUBTUB**

Die Mehrbettzimmer sind beengt, aber die Doppelzimmer, wahlweise mit eigenem Bad oder Etagenbad, sind freundlich eingerichtet und empfehlenswert.

Prvosvibanjaka 15, Makarska, T 091 256 72 12, www.hostelmakarska.com, DZ ab 350 Kn

### Strandnah und komfortabel
**Laurentum**

Eines der besten Hotels der Riviera, 6 km südlich von Makarska: aufmerksam geführt, hervorragendes Restaurant, geräumige, klassisch eingerichtete Zimmer.

Kraj 43, Tučepi (📖 G 9), T 021 60 59 00, www. hotellaurentum.com, DZ/ÜF um 800 Kn.

### Strandnah und schick
**Maritimo**

Das moderne Hotel mit Strand vor der Tür ist minimalistisch-modern und eine individuelle Alternative unter den großen Badehotels.

Put Cvitačke, Makarska, T 021 67 90 41, www.
hotel-maritimo.hr, DZ/ÜF ab 750 Kn

........................................................

 **Satt & glücklich**

### Grünes Ambiente
**Peškera**
Hübsch sitzt man auf der begrünten und von Palmen eingerahmten Terrasse. Auf der Speisekarte dominieren Gerichte mit Fisch und Meeresfrüchten.

Kralja Zvonimira 13, Makarska, T 021 61 30 28,
Hauptgericht um 120 Kn

### Fleisch vom Grill
**Susvid**
Das rustikale Lokal im Ortszentrum ist dank seiner T-Bone-Steaks über die Grenzen Makarskas hinaus berühmt.

Kačićev trg 8, Makarska, T 021 61 27 32,
Hauptgericht um 95 Kn

### Frische Kräuter
**Stari Mlin**
In einer ehemaligen Ölmühle wird einfallsreich gekocht – nicht nur Kräuter aus dem Biokovo Verwendung: Der Koch hantiert mit Gewürzen aus aller Welt.

Prvosvibanjska 43, T 021 61 15 09, auf Facebook, Hauptgericht um 90 Kn

### Drinks & Snacks
**Špina Bar**
Der ideale Ort für einen Abend bei feinem Wein, coolen Drinks, Oliven, Schinken, Tramezzini oder einer Käseplatte.

Kalalarga 32, Makarska, T 098 47 42 07, www.
facebook.com/spinabar/, tgl. 17–2 Uhr, Snacks
um 50 Kn

........................................................

 **Wenn die Nacht beginnt**

### Grottengut
**Club Deep**
In Makarska zieht die Jugend nachts in eine Grotte am Ortsrand, wo DJs heiße Musik auflegen.

Šetalište fra Jure Radića, Makarska, www.
facebook.com/deepmakarska

*Feinkies, Fluten, Felsen – das finden Sie allerorten an der Makarska Riviera, mal ruhig, mal belebter, immer schön.*

........................................................

 **Sport & Aktivitäten**

### Auf Schusters Rappen
**Biokovo-Trekking**
Auf seiner Website informiert der Naturpark Biokovo über Wanderrouten aller Schwierigkeitsgrade. Eine Wanderkarte (45 Kn) gibt's im Parkbüro.

Park Prirode Biokovo, Mala obala 16, Makarska,
https://pp-biokovo.hr, Tagesticket 50 Kn

........................................................

### INFOS

........................................................

**TZ Makarska:** Obala kralja Tomislava 16, T 021 65 00 76, https://makarska-info.hr/, Juni–Sept. tgl. 8–21, sonst Mo–Fr 8–14 Uhr
**Fähre:** mehrmals tgl. nach Sumartin auf Brač (www.jadrolinija.hr)
**Bus:** Promet Makarska (www.promet-makarska.hr, auch auf Englisch) bedient die Strecke entlang der Makarska Riviera.

# Süddalmatien

Die Königin des südlichen Dalmatiens ist unbe-
stritten Dubrovnik, und das nicht nur wegen ihrer
historischen Bedeutung und der architektonischen
und kulturellen Schätze, die die wunderbar erhalte-
ne Altstadt birgt. Dank ihrer schicken Boutiquen, der
Gourmetrestaurants und romantischen Bars ist sie
auch Lifestyle-Destination Nummer eins an diesem
Teil der Küste. Ein bisschen wie Robinson dürfen Sie sich auf den Elafitischen Inseln fühlen, während Korčula und die Halbinsel Pelješac den
Gaumen mit feinen Weinen kitzeln. Und für Windsurfer gilt: Aufs Brett
und den Kanal von Orebić unsicher machen!

# Halbinsel Pelješac ▨ G–J 10

**Austern, Meersalz, Wein, Strände – aber nur sehr eingeschränktes Nachtleben … interessiert? Die 350 km² große, lang gestreckte Halbinsel Pelješac zwischen Festland und Korčula ist ein Reiseziel für Genießer. Die Winzer kultivieren an den Südhängen zwei der besten Weine Dalmatiens, Dingač und Postup. In Lagunen kristallisiert Meerwasser zu feinstem Salz, während die Bucht von Ston eine perfekte Kinderstube für Austern und Muscheln bildet. An Süd- und Nordküste verbergen sich reizvolle Strände in winzigen Buchten.**

## WAS TUN AUF PELJEŠAC?

### Die Kroatische Mauer erobern
Die beiden Orte **Veliki Ston** und **Mali Ston** (▨ J 10) an der Landenge zur Halbinsel Pelješac bilden die äußersten Punkte des größten Festungsbauwerks der Mittelmeerküste. Jede Siedlung ist für sich befestigt, und beide sind noch einmal miteinander durch eine 5,5 km lange **Mauer** (April/Mai, Sept. 8–18.30, Juni/Juli 8–19.30, Aug. 8–19, Okt. 8–17.30, Nov.–März 9–15 Uhr, 70 Kn) mit Wachtürmen verbunden. Die Republik Ragusa (heute Dubrovnik) ließ das Bollwerk 1333–1506 zur Abwehr der Venezianer und Türken errichten. Wenn Sie die teils steil auf und ab geführte Mauer ablaufen möchten, gehen Sie wegen der Hitze nicht mittags los. Vor oder nach dem Mauergang entspannt ein Bummel durch **Ston.** Fehlt was? Richtig: kein venezianischer Löwe weit und breit. Der Serenissima gelang es nie, Ragusa und sein Einflussgebiet zu erobern, obwohl sie es versuchten. Dabei ging es natürlich um die **Saline von Ston,** deren Salz erheblich zu Ragusas Wohlstand beitrug. Da die touristische Erschließung der Saline

und ein Museum erst in Aufbau sind, erfragen Sie die Besuchsmodalitäten bei der **Infostelle** (www.solanaston.hr, Sommer tgl. 7–19 Uhr, 20 Kn).

### Durch grüne Natur zu Stränden am glasklaren Meer
Wenn Sie die Strandbuchten richtig genießen möchten, denken Sie daran: Die schönsten Buchten haben hier kleine ›Defizite‹: kein Schatten, keine Cafés, keine Läden. Alles, was Sie benötigen, müssen Sie mitbringen!
Starten Sie in Ston nach Norden in Richtung **Žuljana** durch dicht bewachsenes Hügelland: Hoffentlich scheint die Sonne, wenn Sie die Serpentinen zum Dorf hinunterkurven: Das Meer in der Sandbucht schimmert dann türkis und dunkelblau! Dabei passieren Sie den Bergrücken und erreichen nach 12 km die hübsche Bucht von **Drače** (▨ H 10). Die flachen **Kiesstrände** sind ideal für Familien. Das nächste Strandziel zwingt zu einem Umweg durchs Innere – über Janjina, Trstenik und die Weindörfer **Potomje** und **Donja Banda** (▨ H 10): Auf der rund 30 km langen Strecke durch (nach wie vor) üppiges Grün ist die Bar **Peninsula** in Donja Banda für einen Zwischenstopp ideal – hier stehen alle großen Pelješac-Weine zum Verkauf, und einen Espresso bekommen Sie sicher auch. Dann aber weiter über **Donja Vručica** zur Bucht **Uvala Divna** (▨ H 10): halbrund, Kies, vorgelagertes Inselchen. 3 km am Meer nach Westen könnte das etwas einsamere **Duba** (▨ H 10), ebenfalls mit Feinkies, eine Alternative sein. Und nur noch zu Fuß zu erreichen ist die 1,5 km entfernte **Uvala jezero** (▨ H 10), wo ein kleiner Süßwassersee in der Sonne blitzt.

### Spurensuche in Orebić
Das Städtchen **Orebić** (▨ H 10) an der Südwestküste war im 19. Jh. Sitz einer stolzen Handelsflotte von bis zu 60 Ozeanseglern. Mehr weiß dazu das **Schifffahrtsmuseum** (Pomorski muzej, Trg Mimbelli, Sommer Mo–Fr 8–20, Sa/So 18–20, Winter Mo–Fr 8–14 Uhr, 15 Kn). Herrschaftliche Häuser säumen

## LUST AUF AUSTERN?

Ston ist der richtige Ort, um an der Küste Kroatiens Austern zu essen.

**Malo more**
Sie möchten en passant ein paar Austern knacken? Dann auf ins **Malo more**, Fischgeschäft und Imbiss zugleich. Die Austern sind so frisch wie in den Restaurants und deutlich billiger.
Zamaslina 7, Ston, T 099 826 12 70, 7 Kn/ Stück

**Bota Šare**
Ihnen steht doch der Sinn nach einem schicken Essen? Mich zieht es in diesem Fall ins **Bota Šare**. In diesem Restaurant mit Ablegern in Dubrovnik und Zagreb haben Fischgerichte Tradition. Die Familie Sare besitzt vor Ston eigene Austern- und Muschelbänke.
Marina Drzica 1, Mali Ston, T 020 75 44 82, www.bota-sare.hr, Hauptgericht um 140 Kn

die **Küstenpromenade,** viele mit aufwendigen, doch nicht überladenen Fassaden.
Prachtvolle Kapitäns-Grabmäler schmücken den kleinen **Friedhof** neben dem **Franziskanerkloster Gospa od Anđela** auf einer Anhöhe 150 m über dem Ort. Die im 15. Jh. erbaute **Klosterkirche** (9–19 Uhr, bitte klingeln, 20 Kn) bewahrt eine anmutige »Maria mit Kind« des Bildhauers Nikolo Firentinac. Doch auch der Ausblick am Kloster ist wunderschön: Wie gemalt liegen die Insel Korčula und das gleichnamige Städtchen (▶ S. 89) Orebić und dem Kloster gegenüber! Hier trafen, wie bei Ston, ragusische und venezianische Einflusssphären aufeinander: Korčula gehörte Venedig. Das Franziskanerkloster gründeten die Rektoren Ragusas und Dubrovniks eigens, um die Geschäfte des Gegners auszuspähen.

**Nicht nur für Weinliebhaber**
Zwei Platzhirsche, zwei Philosophien und ein Spitzenwein – Pelješac:
▶ S. 86

 ## SCHLEMMEN, SHOPPEN, SCHLAFEN

🏠 **In fremden Betten**

**An der Traumbucht**
**Camp Prapratno**
Oliven und Pinien werfen ihren Schatten über das traumhaft gelegene Camp mit einem herrlichen Kiesstrand.
Ston, T 020 75 45 00, www.camping-prapratno. com, Stellplatz für 2 Pers. um 160 Kn

**Robinsonade**
**Estravaganca**
Die hübsche Bucht westlich von Orebić ist nur auf einer holperigen Schotterstraße erreichbar. An deren Ende: ein Kiesstrand und das Pensionsrestaurant. Einfach, nette Zimmer, gutes Essen.
T 098 944 70 99, www.estravaganca.com, DZ/ ÜF um 550 Kn

**Romantisch**
**Adriatic**
Die Zimmer im historischen Steinhaus am Felsstrand sind nostalgisch

# Zwei Platzhirsche, zwei Philosophien und ein Spitzenwein – **Pelješac**

**# 12**

**Dunkelrot, fast violett schimmert der Dingač im Weinglas, ein feines Aroma nach Beeren steigt in die Nase, der erste Schluck warnt: hoher Alkoholgehalt! Mit 14 % kratzt der Spitzenwein von der Insel Pelješac am oberen Limit. Woher hat der Wein dieses Feuer? Folgen Sie mir zu einer vinologischen Entdeckungsreise!**

Von **Ston** geht es landeinwärts hinauf zum die Halbinsel teilenden Grat. Die nördliche Hälfte flacht sanft ab, der Süden ist Steilküste, und diese schwer zugänglichen Hänge auf karstigem Grund bringen die besten Weine hervor. In **Janjina** biegen Sie links ab, denn ab hier können sie die **Rebhänge der berühmten Lagen** 1 genauer in Augenschein nehmen. Angebaut wird vorrangig die Traubensorte Plavac Mali, aus der die Winzer die Spitzentropfen Dingač und Postup keltern. Die Rebhänge entlang kurvt die Weinstraße nach Trstenik hinunter.

## Der Mann aus Napa Valley

**Trstenik** 2 war im 19. Jh. der Ausfuhrhafen für den Pelješac-Wein – von dort gelangte er nach Dubrovnik und Italien. Heute liegen keine Lastschiffe mehr vor Anker, dafür flog Mitte der 1990er-Jahre ein prominenter amerikanischer Winzer ein: Mike Grgich oder Miljenko Grgič, wie er ursprünglich hieß. Der gebürtige Kroate hatte seine Heimat 1954 verlassen und in Kalifornien mit dem Weingut Grgich Hill Estate in Napa Valley Karriere gemacht. Nach Kroatiens Unabhängigkeit errichtete er in Trstenik eine neue Kellerei, **Grgič Vina,** und gab damit dem lokalen Weinbau einen wichtigen Anschub. Die Trauben für seinen Plavac stammen allerdings nicht von eigenen Hängen. Er kauft sie von Winzern, die ihre Reben am Dingač kultivieren, und baut sie in Barrique-Fässern aus. Die beiden Grgič-Weine – neben Plavac ein weißer Pošip mit Trauben aus Korčula – zählen nicht zu den Spitzentropfen Kroatiens, sind aber von solider Qualität.

*Aus Plavac-Trauben wird der typische rote Wein der Insel gekeltert, der mal als Pelješac, mal als Plavac oder als Dingač auf den Markt kommt.*

## Weinbau für Schwindelfreie

Danach folgen wir der schmalen Straße durch das **Dingač-Anbaugebiet** 3 nach Westen. Die Berg-flanken sind wirklich atemberaubend steil, die Reben in Handarbeit auf Terrassen gepflanzt. Die Weinbauern sagen, es sei die Kombination von Kalkboden und Neigung des Geländes, die ihre Weine zu etwas Besonderem mache. Der Boden sorgt für den mineralischen Geschmack; die bis zu 45° steilen Hänge lassen die Trauben zweifach in der Sonne baden, von oben und in ihrer Refle-xion vom Meer.

## Tradition und Können

Ca. 10 km hinter Trstenik wendet sich die Wein-straße ins Innere in Richtung Potomje. In den 1970er-Jahren frästen die Weinbauern einen schmalen Tunnel durch den Fels zu ihren Wein-terrassen, durch den Sie nun langsam und um-sichtig nordwärts fahren. Kellerei und Vinothek **Dingač-Skaramuča** befinden sich im Weiler **Pi-javičino** 4, 4 km nach Osten: Im Gegensatz zu Grgich, der Trauben ankauft, kontrolliert Winzer Ivo Skaramuča nicht nur den Herstellungsprozess, sondern auch den Anbau in eigenen Lagen: Ska-ramučas Reben wachsen am Dingač (Dingač und Dingač Reserve) und in der Pelješka župa (Plavac) an der Nordküste der Halbinsel. Ehefrau Fani Ska-ramuča empfängt auch spontan vorbeischauen-de Besucher mit großer Herzlichkeit und lässt sie die Weine verkosten. Schmecken Sie die unter-schiedliche Winzer-Leidenschaft?

**B BADEN**

Die kleine Badebucht von **Borak** im Dingač-An-baugebiet 3 verspricht Entspannung. Links die Konturen der Insel Mljet, rechts Korčula und voraus ein Meer so tür-kisblau, wie es nur sein kann! Und die Terrasse der **Konoba Matuško,** vor der sich diese ganze Schönheit entfaltet!

INFOS/ÖFFNUNGSZEITEN
**Grgič Vina:** Trstenik 78, Trstenik 2, T 020 74 80 90, www.grgic-vina.com, tgl. 9–19 Uhr
**Konoba Matuško:** Dingač-Borak 3, T 020 74 23 99, www.matusko-vina.hr, Sommer tgl., sonst eingeschränkt, Hauptge-richt um 110 Kn
**Vina Skaramuča:** Pijavičino 4, T 098 26 16 84, https://dingac-skaramuca.hr/, Sommer tgl. 9–18 Uhr, sonst eingeschränkt

eingerichtet; den Blick auf Korčula gibt's gratis dazu. Empfehlenswertes Restaurant.

Šetalište Kneza Domagoja 8, Orebić, T 020 71 44 88, www.hoteladriaticorebic.com, DZ/ÜF um 850 Kn

.........................................

 **Satt & glücklich**

### Lust auf Austern?
**Malo more, Bota Šare:** ▶ S. 85

### Pizza und Pasta
**Stagnum**
Italienische Genüsse im Ortszentrum von Ston – es müssen ja nicht immer die Gaben des Meeres sein (aber auch die sind hier lecker)!

Imena Isusova 25, Ston, T 020 75 41 58, Hauptgericht um 75 Kn

### Essen beim Kapitän
**Stari kapetan**
Das Restaurant des Hotels Adriatic punktet mit Tischen direkt am Meer, frischem Fisch und gemütlicher Atmosphäre.

Šetalište Kneza Domagoja 8, Orebić, T 020 71 39 41, www.hoteladriaticorebic.com, Hauptgericht um 110 Kn

.........................................

 **Stöbern & entdecken**

### Wein
▶ S. 86

### Für die große Fahrt
**Croccantino**
In dem sympathischen Café an Orebićs Uferpromenade gibt es die berühmten Mandelkekse, die die Kapitänsfrauen ihren Gatten auf große Fahrt mitgaben.

Obala pomoraca 30, Orebić, Sommer tgl. 7–24 Uhr

.........................................

 **Wenn die Nacht beginnt**

### Unter Surfern in Viganj
**Beach Bar K 2**
Cocktails, Musik und viele, viele Surfgespräche.

Viganj 36 (🗺 G 10), T 020 17 90 44, auf Facebook, Sommer tgl. bis 1 Uhr, sonst eingeschränkt

.........................................

 **Sport & Aktivitäten**

### Strandvergnügen
1,5 km östlich von Orebić liegt die **Plaža Trstenica,** ein 1,5 km langer Kies-/Sandstrand, vor einem Pinienwald.

### Wind- und Kitesurfen
Der **Kanal zwischen Pelješac und Korčula** ist ein Revier mit verlässlichen Windverhältnissen. Bretter verleihen mehrere Windsurf- und Kiteschulen am **Strand von Viganj** (🗺 G 10), so **Liberan Surf** (www.liberansurf.eu) und **Water Donkey** (www.windsurfing-kitesurfing-viganj.com).

.........................................
### INFOS
.........................................

**TZ Ston**
Pelješki put 1, T 020 75 44 52, www.ston.hr, Juni–Sept. Mo–Sa 8–19, So 9–12, 17–19, April/Mai, Okt. Mo–Sa 8–14, 17–19 Uhr

**TZ Orebić**
Zrinsko Frankopanska 2, T 020 71 37 18, www.visitorebic-croatia.hr, Juni–Sept. tgl. 8–22, sonst Mo–Sa 8–14 Uhr

**Fähre:** www.jadrolinija.hr. Autofähre zwischen Ploče und Trpanj (🗺 H 10) und in der Hochsaison stündlich zwischen Orebić und Korčula.

# Insel Korčula

🗺 F–H 10

**Die schmale Insel zeigt zwei Gesichter: Ihre Hauptstadt präsentiert sich als Schmuckstück mittelalterlicher Architektur mit urbanem Flair. Der Rest Korčulas ist ländliches Kontrastprogramm: Wald, Macchia, Weinreben, Olivenbäume. Für eine kurze Stippvisite**

*Der Hafen von Marco Polos Heimatstadt? Für Korčulas Tourismusverband ist das eine ausgemachte Sache. Marco Polo stammt von hier und nicht aus Venedig …*

**lege ich Ihnen Korčula-Stadt ans Herz. Mit mehr Zeit lohnen die unbekannteren Ecken der Insel und ihre verschwiegenen Buchten.**

## WAS TUN AUF KORČULA?

### Durch Korčula-Stadt bummeln

Venedig, der langjährige Herrscher über die Insel, hat in **Korčula-Stadt** (🗺 H 10) eine Menge Geld und Einfluss eingesetzt, um seiner Adria-Konkurrentin zu demonstrieren, wo Barthel den Most holt. Denn Ragusas Vertreter saßen ja – nachgerade provokant – direkt gegenüber in Orebić (▶ S. 84), auf der anderen Seite der nur 1300 m schmalen Wasserstraße. Vom Imponiergehabe einer sich provoziert gefühlten Großmacht profitieren wir heute – wenige dalmatinische Städtchen vermitteln so perfekten venezianischen Charme. Gleich am **Landtor** **1**, durch das Sie unter dem im 15. Jh. errichteten wuchtigen Festungsturms **Revelin** in die Stadt gelangen, signalisiert das Relief des Markuslöwen, wer hier das Sagen hatte.

Sehr repräsentabel ist übrigens die der Stadt zugewandte, barocke Fassade des Tores, eine Art Triumphbogen für den venezianischen Feldherrn Leonardo Foscolo. Rechts schließt das **Arsenal** **2** an, in den Ausmaßen wesentlich monumentaler als die entsprechende Anlage in Hvar (▶ S. 72). Die Flotte der Serenissima hatte hier eine Zeitlang ihr Winterquartier – eine unmissverständliche Drohung an den Kontrahenten gegenüber.

Hinter dem Landtor stehen Sie auf einer typisch mediterranen Piazza mit eleganten **Palazzi** und dem **Rathaus** **3** (1525). In der tiefen, schattigen Loggia wacht ein weiterer Markuslöwe über den Tisch, an dem Recht gesprochen wurde – übrigens nach einem 1214 verabschiedeten Statut, das venezianische und traditionell-slawische Jurisdiktion verband.

An dieses Gesetzeswerk erinnert die Hauptgasse der Stadt, die **Ulica Korčulanskog Statuta 1214,** die schmal und schnurgerade zum **Trg Sv. Marka** führt. Gesäumt von Kathedrale, Bischofspalast und weiteren Palazzi in venezianischem Mischstil von Gotik und Renaissance, klein in den Dimensio-

## KORČULA-STADT

nen, aber unendlich filigran, wird er Sie sicherlich ebenso bezaubern wie mich. Korčula weihte seine **Kathedrale** 4 (Sommer tgl. 9–21 Uhr, 15 Kn, Turmbesteigung 25 Kn) nicht zufällig Sv. Marko, dem Stadtheiligen Venedigs. Er wacht vom spätgotischen Portal über die Kirchenbesucher. Werfen Sie einen Blick ins Innere mit drei Werken großer Künstler: Den Altar schmückt ein frühes Gemälde von Jacopo Tintoretto (um 1550), das Ziborium (15. Jh.) ist eine feine, hochgotische Steinmetzarbeit des von der Insel gebürtigen Marko Andrejić und die moderne Plastik des hl. Blasius am Eingang zur Sakristei stammt von Ivan Meštrović. Eine gelungene Kombination!

Die **Ulica Sv. Roka** führt vom Platz leicht bergab in Richtung Meer. Dort erhebt sich die **Kula Zakerjan** 5, ein weiterer der fünf noch erhaltenen Festungstürme der venezianischen Stadtmauer. Vorsicht beim Aufstieg auf die Turmterrasse mit der romantischen Bar **Massimo!** Vor allem bei den letzten Metern auf wackeliger Leiter. Von oben blicken Sie über Korčulas Stadtanlage, die Halbinsel Pelješac gegenüber und die Windsurfer, die windgetrieben die Wasserstraße entlanggrasen. Dazu ein Glas kühlen Grk, dem lokalen Weißwein, und der Tag ist perfekt.

### Auf Marco Polos Spuren
**PR-Gag oder Wahrheit? – Marco Polo und Korčula-Stadt** 6, 7:
▶ S. 92

### Ausflug zu Stränden und zum Grk
**Lumbarda**
Ein bisschen herumfahren, beachen, schauen, wo die Trauben für den Grk heranreifen, in einer *konoba* mittagessen, das gehört zum Ferienfeeling der Inselwelt. Starten Sie in Richtung **Lumbarda** (🗺 H 10)! Nur 7 km entfernt schmiegt sich das Städtchen in die malerische Bucht. Fast jedes Haus besitzt einen kleinen Weingarten, und jeder Winzer – ob professionell oder Hobby – zieht Grk. Aber bevor Sie verkosten, geht's eine Bucht weiter, wo das Wasser am Sandstrand **Bilin žal** oder seinem Pendant **Plaza Pržina** (350 m nach Süden) schon wieder so unverschämt türkisblau glitzert. Nach ausgiebigem Bad sind Sie gestärkt für einen Besuch im **Restoran Feral** (▶ S. 94), wo besagter Weißwein wunderbar mit Meeresfrüchten harmoniert.

### Noch ein Strand – und diesmal eine Marenda
Über das in der Inselmitte gelegene **Pupnat** (🗺 G 10) erreichen Sie eine weitere sehr pittoresk angelegte Badebucht: **Pupnatska luka** (🗺 G 10), den ›Hafen‹ von Pupnat. Ein tiefer, u-förmiger Wasserarm, mit Pinien bewaldete

Hänge links und rechts, dazwischen fast weißer, feiner Kies, davor die Adria in smaragdenem Blau! Auf dem Heimweg schauen Sie dann in der **Konoba Mate** (▶ S. 94) in Pupnat vorbei, auf eine deftige *marenda*.

## SCHLEMMEN, SHOPPEN, SCHLAFEN

### 🛏 **In fremden Betten**

#### Strand und Stadt
**Marko Polo**
Das renovierte Hotel liegt nur wenige Minuten vom Stadtzentrum entfernt und dennoch ruhig an einem Kiesstrand.
Šetalište F. Kršinića 102, Korčula, T 020 72 61 00, www.korcula-hotels.com, DZ/ÜF um 900 Kn

#### Schlafen an der Seidenstraße
**Lešić Dimitri Palace** ❷
Fünf thematisch an Marco Polos Reisen orientierte Apartments mit luxuriösem Mobiliar im Herzen der Altstadt. Zum Hotel gehören ein Spa und ein Feinschmeckerrestaurant.
Don Pavla Poše 1–6, T 020 71 55 60, www.ldpalace.com, DZ/ÜF ab 2500 Kn

#### Schick und ruhig in Žrnovo
**Tara's Lodge** ❸
Topmodern eingerichtet, große, auf eine ruhige Bucht weisende Glasfronten, der Strand vor der Tür und Korčulas Altstadt etwa 40 Min. Spazierweg entfernt.
Žrnovska Banja 708, Žrnovo (🗺 H 10), T 021 72 15 55, www.taraslodge.com, DZ/ÜF um 1200 Kn

### 🍴 **Satt & glücklich**

#### Tradition mit Altstadtflair 🍴
**Adio Mare**
Traditionelle *konoba* mit landestypischen Spezialitäten wie *ovčji sir* (Schafskäse), *pršut* (Schinken) und *pašticada* (Schmorbraten) an rustikalen Holztischen.
Sv. Roca/Ecke Marka Pola, T 020 71 12 53, www.konobaadiomare.hr, Hauptgericht um 110 Kn

# 13

# PR-Gag oder Wahrheit? – **Marco Polo und Korčula-Stadt**

**Brachten Sie den Chinareisenden Marco Polo bislang auch mit Venedig in Verbindung? Da haben Sie die Rechnung ohne den Tourismusverband von Korčula gemacht! Der ist nämlich dahintergekommen, dass Herr Polo ein Kroate war. Besser gesagt, unter Venedigs Herrschaft auf Korčula das Licht der Welt erblickte. Die Beweislage ist dürftig, aber nehmen wir mal an, …**

… dass die Herrschaften Recht haben. Als Belege führen sie an: den Namen Depolo (kommt auf Korčula häufig vor), eine gotische Turmruine (Geburtshaus!) und die Tatsache, dass der berühmte Chinareisende (1254–1324) nicht weit von der Insel in Gefangenschaft geriet, als er bei der Schlacht von Curzola 1298 eine venezianische Galeere gegen Genueser Feinde befehligte.

## Ein Entdeckerleben in Wachs

Beginnen Sie mit dem etwas (unfreiwillig) komisch wirkenden **Marco-Polo-Museum** 6 , bevor Sie sich auf Spurensuche in der Stadt Korčula machen. In mit Wachspuppen gestalteten Dioramen sind die wichtigsten Stationen in Marco Polos Leben festgehalten, und eine der dramatischsten ist gleich die erste: Polos Abschied von Korčula. Ein poetisch sehr bemühter Texter hat die Szene mit bittersüßen Zeilen auf Englisch kommentiert.

## Möwe oder Krähe

Was dieses Diorama abbildet, soll einer der wenigen Hinweise darauf sein, dass die Polos tatsächlich aus Korčula stammten: Sehen Sie die Möwen, die den jungen Mann umtanzen? Im Inseldialekt heißen sie *pol,* italisiert *polo* – zumindest laut kroatischem Wikipedia, Stichwort Marko Polo. Bei den italienischen Kollegen klingt das anders: *Pola* ist die italienische Bezeichnung für Krähe und drei dieser klugen Tiere schmückten

**ÜBRIGENS**

In der Parallelstraße zur Ulica Depolo mit Marco Polos Geburtshaus hat ein findiger Unternehmer das Thema Marco Polo geschäftstüchtig variiert. Im Boutiquehotel **Lešić Dimitri Palace** 3 ist jede Wohneinheit im Stil eines der Länder entlang der Seidenstraße eingerichtet – charmant und hochluxuriös (▶ S. 91).

*Ob es nun stimmt oder nicht (was wohl wahrscheinlicher ist), dass Marco Polo aus Korčula stammt: Gut fürs Geschäft ist sein Name allemal.*

tatsächlich das Wappen der Familie Polo. Eins zu null für Venedig!

## Wohnte hier der Chinareisende?

Marco Polos Geburtshaus im Herzen von Korčulas Altstadt ist Station zwei unserer Suche nach der Wahrheit: Leider besteht es nur noch aus Außenmauern mit einem gotischen Zwillingsfenster. ›Erinnerungsstücke‹ wie Seekarten, Dokumente und Bilder im benachbarten Turm **Kula Marko Polo** **7** beantworten in einem modernen Interpretation Center offene Fragen. Ein Dokument aus dem 15. Jh. verbrieft, dass ein Depolo hier lebte. Nehmen wir also mal an, Marco/Marko sei auf Korčula geboren. Wo hätte eine Familie von Händlern und Schiffsbesitzern wohnen sollen? Richtig, genau hier! Denn von der höchsten Turmetage konnten die (De)Polos den Kanal zwischen Korčula und der Halbinsel Pelješac – einen der ältesten Schifffahrtswege der Adria – im Auge behalten. Der junge Marco mag demnach hier gestanden, den Schiffen seines Vaters hinterhergesehen und von fernen Ländern geträumt haben!

Absolut nachvollziehbar, aber – ganz ehrlich – stichhaltig für die Korčula-These ist das wohl nicht. Ich fürchte, wir müssen die Geschichte als einen mehr oder weniger geglückten PR-Coup betrachten. Aber wen kümmert das – Kinder, soviel steht fest, finden allemal das Marco-Polo-Museum toll.

INFOS/ÖFFNUNGSZEITEN
**Marco-Polo-Museum** **6**: Plokata 19 travnja 1921 br 33, www.marcopolo.com.hr, Mai 10–19.30, April, Okt./Nov. 10–15, Juni–Sept. 9–23 Uhr, 60 Kn **Kula Marko Polo/Interpretation Center** **7**: Depolo, Öffnungszeiten und Eintrittspreise standen bei Redaktionsschluss nicht fest. Bei der Tourist-Info erfragen.

KULINARISCHES FÜR ZWISCHENDRIN
Für eine Stärkung können Sie sich in der **Konoba Mareta** **2** (Sv. Roka 4, T 020 71 11 44, www.konoba-mareta.com, Hauptgericht um 110 Kn) niederlassen und das leckere Lamm-Kebab verkosten.

**Faltplan:** H 10 | **Cityplan:** ▶ S. 90 | **Anfahrt:** über die Halbinsel Pelješac bis Orebić und per Fähre nach Korčula-Stadt

### Lust auf Lamm?
**Konoba Mareta** : ▶ S. 93

### Edel unter Pinien
**Filippi** ❸
Das Restaurant für den besonderen Abend am Meer, mit schönem Blick auf Pelješac und exquisiter dalmatinischer Küche. Ein Stern vom Michelin!
Šetalište Petra Kanavelića, T 020 71 16 90, www.restaurantfilippi.com, Pasta um 120 Kn, Hauptgericht um 190 Kn

### Frech & fröhlich
**Aterina** ❹
Retro-Plastiktischdecken, leckere Antipasti-Teller, feine, hausgemachte Kuchen und dazwischen wird der Fang des Tages angeboten. In dem hippen Restaurant finden aber auch Vegetarier ihr Lieblingsgericht.
Trg korčulanskih klesara i kipara 2, T 091 986 18 56, www.facebook.com/pg/aterinakorcula, Winter geschlossen, sonst tgl., Hauptgericht um 90 Kn

### Hausgemacht in Pupnat
**Konoba Mate** ❺
Der Vorspeisenteller dieser rustikalen *konoba* mit pršut, Salami, Schafskäse, Kapern und Oliven macht Lust auf mehr.
Pupnat 28, Pupnat, T 020 71 71 09, www.konobamate.com, Hauptgericht um 85 Kn

### In Lumbarda ans Wasser gebaut
**Restoran Feral** ❻
Nach einem Inselausflug ist das Feral, 7 km von Korčulas Altstadt entfernt, ein empfehlenswertes Lokal für leckere Fischgerichte mit Blick aufs Meer und Pelješac gegenüber.
Wvala Tatinja, Lumbarda 6, Lumbarda, T 020 71 20 90, Hauptgericht um 110 Kn

 **Stöbern & entdecken**

### Korallenrot
**Irena**
Der aus Korallen, Muscheln, Silber und Gold modern gestaltete Schmuck ist wunderschön und wirklich einzigartig.
Korculanskog Statuta 1214 br 4, T 020 71 19 94, www.coralshop-irena.com

### Zuckersüß
**Cukarin** ❷
Der winzige Laden verkauft Nasche-reien wie das namensgebende, nach Zitrone und Orange schmeckende Biskuitgebäck.
Hrvatske Bratske Zajednice bb, T 020 71 10 55, auf Facebook

⚡ **Wenn die Nacht beginnt**

### Auf dem Turm
**Massimo** ❶
Konkurrenzlos, um den schönsten Sonnenuntergang in Korčula zu erleben – aber nicht zu viel trinken, denn die Leiter auf die Terrasse des alten Festungsturms Kula Zakerjan ist wirklich nicht sehr stabil!
Kula Zakerjan, Petra Kanavelića, T 020 71 88 78

## INFOS UND TERMINE

### ❶ Infos
**TZ Korčula:** Korčula-Stadt, Trg 19. tra-vnja 1921 br. 40, T 020 71 57 01, www.visitkorcula.eu, Mitte Juni–Aug. tgl. 8–21, Sept./Okt. Mo–Sa 8–14, 17–20, Winter Mo–Sa 8–14 Uhr

### ❶ Termine
Infos zu Veranstaltungen und Events, auch zur Moreška, auf www.visitkorcula.eu/events.html
**Moreška:** Mitte Mai–Juni, Sept.–Mitte Okt. Do 21, Juli/Aug. Mo, Do 21 Uhr, Open-air-Kino (Letno Kino), Korčula-Stadt, 120 Kn. Das Schwerttanzdrama Moreška geht auf spanische Ursprün-ge zurück, auf den Kampf zwischen Christen und Mauren. Auch in anderen Ortschaften auf Korčula werden wäh-rend der Sommermonate ähnliche Schwerttänze aufgeführt, so z. B. in Žrnovo die **Moštra.**

### ❶ Verkehr
**Fähre:** www.jadrolinija.hr. Zwischen Korčula-Stadt und Orebić (Halbinsel Pelješac) verkehrt in der Hochsaison stündlich eine Fähre.

*Den Tag Revue passieren lassen, den Blick übers Meer und die Stadtmauer des al-*
*ten Ragusa schweifen lassen – dafür findet sich in Dubrovnik immer ein Plätzchen.*

# Dubrovnik ◫ K 11

**Sie ist die Diva der östlichen Adria,
ungemein barock und zugleich
total angesagt – und das nicht
erst seit der Fantasy-Serie »Game
of Thrones«, in der Dubrovnik die
Hauptstadt der Sieben Königreiche
mimt. Sightseeing ist nur eine
der vielen Möglichkeiten, sich in
dieser quirligen Museumsstadt
zu amüsieren. Alternativ gibt es
da noch tolle Restaurants, Bars
und Clubs, romantische und hippe
Strände, jede Menge Festivals und,
und, und …**

Die Stadt am Fuß des 412 m hohen
Berges Srđ gründeten Flüchtlinge aus
dem heutigen Cavtat (▶ S. 101) im
7. Jh. Sie entwickelte sich schnell zu
einer mächtigen Handelsmacht und
der größten Rivalin Venedigs. Durch
geschicktes Taktieren, Verträge mit
lokalen Fürsten und Zahlungen an die
Osmanen bewahrte Ragusa Einfluss und
Unabhängigkeit. Ein verheerendes Erdbeben beendete 1667 die goldene Ära,
doch erst 1808 wurde die Stadtrepublik
aufgelöst. Während des Kroatienkriegs

belagerten und beschossen jugoslawische Truppen 1991/92 über mehrere
Monate die Stadt. Viele historische
Bauten fielen Granaten zum Opfer, 314
Menschen starben. Heute ist Dubrovnik
eines der prominentes Opfer des sog.
Overtourism. Besuchen Sie die »Königin
der Adria« deshalb keinesfalls im Juli
oder August!

## WAS TUN IN DUBROVNIK?

### Den Überblick gewinnen
**Schutz gegen alle – die Stadtmauer
von Ragusa: 1 – 10, ▶ S. 98**

### Flanieren zwischen Barockfassaden
In Seide und Brokat gehüllte Damen,
emsig disputierende Ratsherren, präch-
tig gewandete Diplomaten aus Konstan-
tinopel, Kreuzschiffladungen von Touristen
aus aller Herren Länder und nicht zuletzt
die Dubrovniker selbst haben das Pflaster
der Hauptstraße, der 300 m langen
**Placa 11** oder **Stradun** (sie verläuft auf
dem im 12. Jh. zugeschütteten Meeres-
arm), in 400 Jahren so glatt poliert, dass
es glänzt, als sei es aus Eis. Sie setzen
also eine gute Dubrovniker Tradition fort,
wenn Sie, das **Pile-Tor 1** (▶ S. 98)

passierend, die Altstadt betreten und dieser schnurgeraden Straße folgen, die die beiden Zugänge Dubrovniks verbindet. Der überkuppelte, runde Bau gleich zu Beginn der Placa rechts, der 1438 errichtete **Große Onofrio-Brunnen** `12`, erhielt sein Wasser durch ein unterirdisches Aquädukt. Ihm gegenüber stehen **Franziskanerkirche und -kloster** `13`. Nur das dekorative spätgotische Portal des Gotteshauses hielt dem Erdbeben von 1667 stand – und ein bezaubernder Kreuzgang.

Nach diesem Erdbeben, das Ragusa in großen Teilen zerstörte, schrieb der Rat der Stadt für die **Neuplanung der Stradun** beidseits Häuser mit gleicher Giebelhöhe, einheitlichen Fronten und den Einbau von Geschäften im Parterre vor. Schauen Sie im **Algebra** vorbei, der Quelle für Dubrovnik-Literatur in verschiedenen Sprachen! Oder verkosten Sie bei **Uje** `3` die besten kroatischen Olivenöle. Ein Eis von **Dolce Vita** `2` (Nalješkovićeva 1a) stillt den Hunger auf Süßes.

Der **Luža**-Platz um die 1418 aufgestellte **Rolandsäule** `14` diente bis zu Beginn des 20. Jh. als Markt. An Rolands Unterarm (51,2 cm) nahmen die Marktleute Maß. Der treue Ritter Karls des Großen schaut auf die filigrane, spätgotische Fassade des ehemaligen Zollhauses, des **Sponza-Palasts** `15`. Heute verwahrt das Stadtarchiv darin wertvolle Dokumente, die ins 11. Jh. zurückreichen. Der **Kleine Onofrio-Brunnen** `16` schräg gegenüber versorgte die Marktleute mit Wasser. Die Glocke des **Uhrturms** `17` (1444) warnte nicht nur vor Gefahren, die zwei bronzenen Gestalten in römischen Rüstungen schlugen sie auch, wenn eine Ratssitzung anstand. Der Vergleich mit den Glockenmännern an Venedigs Torre Orologio drängt sich auf! Wer hat's erfunden? Die Ragusaner! Sie hievten die Bronzekerle um 1480 auf ihren Turm und damit 20 Jahre früher als die Serenissima!

Der hl. Blasius ist Dubrovniks Schutzheiliger und die 1715 errichtete, barocke Kirche **Sv. Vlaho** `18` am Luža-Platz deshalb eines der wichtigsten Gebäude in der Stadt. Das Gotteshaus ist leider meist verschlossen – sollte es geöffnet sein, dann lohnt ein Blick auf die aus dem 15. Jh. stammende Silberstatue des Heiligen am Altar. Er hält ein Stadtmodell in der Hand und damit ein Zeugnis, wie Ragusa vor dem Erdbeben aussah. Gehen Sie hier nach rechts, vorbei am Café Gradskavana im ehemaligen **Arsenal.** Das elegante Gebäude mit tiefen Arkaden daneben ist der Rektorenpalast **Knežev dvor,** der gleich mehrmals zerstört wurde – mal war es Feuer, mehrmals Explosionen des darin gelagerten Schießpulvers und schließlich das Erdbeben. Trotz der vielen Um- und Neubauten behielt der Palast seine gotische Grundstruktur mit Renaissance- und Barockelementen. Heute ist darin das **Kulturgeschichtliche Museum** `19` (▸ S. 100) untergebracht.

Die südlich anschließende **Kathedrale** `20` (Mo–Sa 9–17, So 11–17 Uhr) bildet den Schlusspunkt der Barocktour. In ihr gibt es jedoch außer den Reliquiaren des Kirchenschatzes (20 Kn) nicht viel zu sehen. Lohnender ist es, stattdessen zum Abschluss einen Abstecher auf den **Marktplatz Gundulićeva poljana** `21` zu unternehmen. Bauern bieten auf ihm Obst und Gemüse aus dem fruchtbaren Konavle-Tal südlich von Dubrovnik an und einige Frauen verkaufen selbst zubereitete *arancini,* kandierte Orangenschalen – sehr lecker!

### Dubrovnik abseits des Rummels entdecken

Südlich der Kathedrale beginnt der älteste Stadtteil, **Pustijerna** `22`. Nicht barock-gerade sind die Gassen dort, sondern verwinkelt eng und von Treppen unterbrochen. Zwischen einfacheren Stadthäusern erinnern **Palazzi** mit kunstvoll gemeißelten Türrahmen und Wappen an die großen Adelsfamilien, unter ihnen der Renaissancepalast **Skočibuha** `23` (Restićeva ul. 1). Blütenkaskaden von Bougainvillea ergießen sich über hohe Mauern; in Hauseingängen dösen Katzen, Oleander und Geranien in Tontöpfen wirken gepflegt. Hier wird gewohnt. Lassen Sie sich von

# DUBROVNIK

# 14

# Schutz gegen alle –
# die Stadtmauer von Ragusa

**Fragen Sie sich auch, wofür die massive und heute noch intakte Stadtbefestigung für eine an sich eher kleine Stadt mit zu besten Zeiten wohl um die 3500 Einwohner nötig war? Nun, Ragusa machte mit Fernhandel viel Geld und legte sich gerne mit der Konkurrenz an.**

Ragusa bot Venedig und dem Osmanischen Reich die Stirn, paktierte mit dem Kroatisch-ungarischen Reich und hofierte die Serben, nur um mit dem nächsten Atemzug neue Prioritäten zu setzen. Das konnte es, weil es stets bestens verteidigt war. Nie hat ein Feind die Mauern eingenommen.

## Der Stadteingang

Ein paar Zahlen gefällig? Die Dubrovniker Wehrmauer ist 1940 m lang, zur Landseite 4–6 m, zur Seeseite 1,5–3 m dick und an manchen Stellen 25 m hoch. Von Land fühlte man sich immer stärker bedroht als von See, dabei haben bereits im 9. Jh. die Schiffe der Sarazenen und im 10. Jh. eine venezianische Flotte die Festung Ragusas belagert! Vergeblich übrigens, Sv. Vlaho rettete seine Schäfchen.

Brücken überwinden den Wassergraben vor dem westlichen Stadteingang, dem **Pile-Tor** `1` (Vrata od Pile), ein sich aus der Mauer wölbendes Halbrund mit dem Relief des Stadtheiligen Sv. Vlaho. Hinter diesem äußeren (1537) Renaissancetor verbergen sich ein weiterer Mauerring und eine Treppe, die zum inneren, gotischen Tor (1460) hinunterführt.

## Auf der Mauer, auf der Lauer

Hinter dem Tor links gelangen Sie auf die **Stadtmauer** `2` und folgen dem Rundgang nach links, also Richtung Süden und Meer! Am ersten **Festungsturm Bokar** `3` (15. Jh.) erwartet Sie eine perfekte Fotoperspektive auf die kleine **Bucht** zu Füßen der Mauer und die dahinter auf einem Fels thronende **Festung Lovrijenac** `4`. Bokar und Lovrijenac schützten einst den westlichen Stadtzugang, das Pile-Tor.

**ÜBRIGENS**

Einige Szenen der Fantasy-Serie »Game of Thrones« entstanden auf bzw. in Sichtweite der Stadtmauer:
**Pile-Tor** = Ort des Aufstands gegen die Lennisters in Staffel zwei;
**Bucht zwischen Bokar-Turm und Festung Lovrijenac** = Schwarzwasserbucht;
**Festung Lovrijenac** = Roter Bergfried;
**Minčeta** = Haus der Unsterblichen in Quarth, in dem Daenerys Targaryen ihre Drachen sucht.

*Vielleicht zu keinem Einblick, aber zu einem gewissen Durchblick verhilft die Stadtmauer von Dubrovnik.*

## Zum Alten Hafen

Von Bokar geht es nun am südlichen Stadtrand hoch über dem Meer und leicht bergauf nach Osten. Sie blicken auf die ältesten Viertel Dubrovniks; Wäsche flattert an den Leinen, Kinder spielen in erstaunlich grünen Hinterhöfen. Hoch ragt der ehemalige Getreidespeicher **Rupe** 5 zwischen den Häusern hervor, dann passieren Sie die **Buža Bar** tief unter Ihnen auf den Uferfelsen. Voraus kommt das **Fort Sv. Ivan** 6 in Sicht.

Um die Ecke gebogen und Sie haben den **Alten Hafen** 7 vor sich. Bewacht von Sv. Ivan und dem **Fort Revelin** 8 gegenüber und durch einen Wellenbrecher vor feindlichen Schiffen geschützt, bot er im 16. Jh. einer Flotte von bis zu 200 Handelsschiffen Schutz. In Ragusas Auftrag segelten sie (natürlich unter Umgehung Venedigs) zwischen europäischen Mittelmeerhäfen und Osmanischem Reich hin und her – ein lukratives Geschäft.

## Die Landmauer

Noch wehrhafter als das Pile-Tor wirkt der östliche Stadtzugang, das **Ploče-Tor** 9, den das Fort Revelin schützte. Hier sichern drei Tore hintereinander und auch an der Dicke der Stadtmauer wird deutlich, wo der Verteidigungsschwerpunkt lag. Zum Land hin verstärkt auch die wohl imposanteste Festung das Mauerwerk: das quadratische Fundament der **Minčeta** 10 erhielt im 15. Jh. die zwei aufeinander gesetzten Rundtürme. Nach ca. einstündigem Rundgang steigen wir nun die Treppe zur Stradun hinunter und lassen uns im **Café Festival** nieder.

**D DREHORT**

Als Drehort erfreut sich Dubrovnik großer Beliebtheit. Die Gerüchteküche, wer wann was in der Stadt dreht, brodelt regelrecht. An den großen Rummel um »Game of Thrones« reichte allerdings keine der neuen Produktionen heran. Immerhin: 2020 schauten Nicolas Cage und Ex-GoT-Star Pedro Pascal für eine neue Action Comedy vorbei, und HOB begann mit den Dreharbeiten zu »Oslo«.

**INFOS/ÖFFNUNGSZEITEN**

**Stadtmauer (Gradske zidine)** **:** Nov.–März 9–15, April/Mai, Aug./ Sept. 8–18.30, Juni/ Juli 8–19.30, Okt. 8–17.30 Uhr, 200 Kn
**Café Festival** 1: Placa 28, T 020 32 11 48, www.cafefestival.com

**»Game of Thrones«-Fans** aufgepasst: Kommt Ihnen die monumentale **Treppe** bekannt vor, die vom Marktplatz **Gundulićeva poljana** `2.1` zum Jesuitenkloster und der zugehörigen Kirche Sv. Ignacije hinaufführt? Genau: Hier absolvierte Cersei Lennister splitternackt ihren ›Gang der Buße‹ in Staffel fünf! Für die Dreharbeiten waren die Gassen um den Markt vier Tage lang abgesperrt!
Weitere Locations finden sich in Dubrovnik etwa im Bereich der Stadtmauer (▶ S. 98) sowie auf Lokrum (Benediktinerkloster, ▶ S. 101).

der Neugier treiben, das Viertel ist klein und ihr Weg endet unweigerlich an der Stadtmauer, an der entlang Sie auf jeden Fall zurückfinden, nach Osten zum **Alten Hafen** `7` (▶ S. 99) oder westlich zum **Pile-Tor** `1` (▶ S. 98). Und wenn Sie schon an der Stadtmauer sind, dann halten Sie doch Ausschau nach der **Buža,** Dubrovniks Kult-Bar!

## MUSEEN, DIE LOHNEN

Für die **städtischen Museen** (www.dumus.hr) gibt es keine Einzeltickets. Der **Museumspass** (130 Kn, Schüler/Studenten 50 Kn) gilt für den Besuch des Kulturgeschichtlichen Museums im Rektorenpalast, des Seefahrtmuseums in der Festung Sv. Ivan, des Ethnographischen Museums Rupe, der Archäologischen Ausstellung im Fort Revelin sowie der Galerija umjetnička (Museum Moderner Kunst).

### Ein friedlicher Ort
Das **Franziskanerkloster** `13` besitzt eine kostbare Sammlung religiöser Kunst und darf sich der drittältesten Apotheke der Welt rühmen (aus dem 14. Jh.). Ich besuche es aber ehrlich gesagt nur wegen seines romanischen **Kreuzgangs** mit 60 bizarr und fantasievoll mit Fabelwesen geschmückten Doppelsäulen. Für ihn begeistere ich mich jedes Mal aufs Neue.
Franjevački samostan, Placa 2, T 020 32 14 10, April–Okt. 9–18, sonst 9–14 Uhr, 40 Kn

### Wo die Stadt regiert wurde
Auch wenn die Exponate im **kulturgeschichtlichen Museum** `19` im Rektorenpalast (Knežev dvor) wie Münzen, Dokumente, Gemälde und Mobiliar viel Erhellendes zur Stadtgeschichte beitragen, beeindruckt mich am meisten der Bau selbst: Im Innenhof mit der barocken Treppe, die aus den ›Niederungen‹ des Erdgeschosses mit seinen Gefängniszellen in die repräsentativen Räume des Rektors hinaufführt, kann ich mir bestens vorstellen, wie der Rektor und seine Entourage die Stadt verwaltet haben.
Kulturno-povijesni muzej, Pred Dvorom 3, http://www.dumus.hr/en/cultural-history-museum/, tgl. letzte Märzwoche–Okt. 9–18, Nov.–März 9–16 Uhr, Museumspass oder Einzelticket 100 Kn

### Gemälde und Kapitelle
Das auf das Jahr 1225 zurückgehende **Dominikanerkloster** `24` besitzt wie das Franziskanerkloster einen wunderschönen **Kreuzgang**, in diesem Fall in einem Mischstil aus Gotik und Renaissance. Das wertvollste Ausstattungsstück der Kirche ist ein von Paolo Veneziano bemaltes, goldenes **Kruzifix** über dem Hauptaltar. Achten Sie in der **Gemäldeausstellung** auf das Triptychon von Nikola Božidarević mit dem Porträt des hl. Blasius, der ein Stadtmodell Dubrovniks vor dem Beben in Händen hält.
Dominikanski samostan, Sv. Dominika 4, T 020 32 14 23, Mai–Okt. 9–18, Winter 9–17 Uhr, 40 Kn

### Dubrovnik zeitgenössisch
Lust auf klassische Moderne und einen tollen Altstadtblick? Die Kunstgalerie **Galerija umjetnička** `25`, das Museum für Moderne Kunst, in der Vorstadt Ploče bietet beides. Die Sammlung legt den Schwerpunkt auf die erste Hälfte des 20. Jh., wechselnde Ausstellungen beleuchten zeitgenössische Arbei-

ten kroatischer Künstler. Und das Panorama von der Terrasse ist einfach phänomenal.

Put Frana Supila 23, www.ugdubrovnik. hr, Di–So Sommer 9–20, Winter 10–16 Uhr, Museumspass

### Seilbahn, Panorama und Geschichte

Die Fahrt mit der Seilbahn auf den 412 m hohen **Berg Srđ** 26 belohnt mit einem wunderbaren Panoramablick über Dubrovnik und die Inseln. Die Belagerung Dubrovniks thematisiert das **Museum des Nationalen Unabhängigkeitskampfes** (Dez.–Feb. 9–16, März, Okt. 9–17, April 9–20, Mai–Sept. 9–21 Uhr, 30 Kn) im Fort Imperial.

Seilbahn (Žičara), Krajla Petra Kresimira IV, T 020 32 53 93, www.dubrovnikcablecar.com, Dez./ Jan. 9–16, März, Okt., Nov. 9–17, April 9–20, Mai, Sept.9–21, Juni 9–22, Juli/Aug. 9–23, Febr. geschl., alle 30 Min., hin und zurück 170 Kn (seit 2020 bis auf Weiteres geschl.)

## IN DER UMGEBUNG

### Baden, nicht nur für Fans

Die dicht bewaldete **Otok Lokrum** ❶ in der alten Hafenbucht ist ein angenehmer Rückzugsort an heißen Tagen; **Badestellen** laden zu einem Sprung ins Wasser ein. Das ehemalige **Benediktinerkloster** bildet heute die Kulisse für eine **Ausstellung** zur in Dubrovnik und auf Lokrum gedrehten Kultserie »**Game of Thrones«.** Sie besteht im Grunde aus wenig mehr als einer Replik des Eisernen Throns, auf dem Besucher Selfies schießen dürfen. Boote setzen stündlich (Juli/ Aug. halbstündlich, ca. 200 Kn hin und zurück, inkl. Eintritt in den Naturpark) vom **Alten Hafen** 7 über.

### Eine grüne Oase ✗

Das **Arboretum Trsteno** (□ K 11) mag ich besonders, denn es vermittelt etwas von der Stimmung, die zur Blütezeit Ragusas unter der wirtschaftlichen, politischen und intellektuellen Elite der Stadt geherrscht haben mag. Der Ragusaner Patrizier Ivan Gučetić-Gozze errichtete 1494 in Trsteno, 20 km nordwestlich

von Dubrovnik, eine Sommervilla und ließ am Hang einen Renaissancegarten anlegen, der über Terrassen hinunterklettert zu einem kleinen Kai, an dem man wunderbar baden kann. In dieser friedlichen, grünen Oase trafen sich Literaten und Politiker, Kaufleute und Diplomaten, um die Geschicke Ragusas zu diskutieren– so stelle ich es mir jedenfalls vor.

Der Garten ist Kernstück des 28 ha großen Arboretums, das außerdem aus einem romantischen, im 19. Jh. angelegten Landschaftsgarten mit Olivenhainen, Aleppo-Kiefern, Zypressen, Steineichen, Bambuswäldchen und Farnen besteht und herrliche Ausblicke auf die davor liegenden Elafitischen Inseln eröffnet.

Mai–Okt. 7–19, Winter 8–16 Uhr, 50 Kn

### Dubrovniks Muttersiedlung

Ein Ausflug in das hübsche Örtchen **Cavtat** (□ K 11; 2000 Einw.) 15 km südlich sei Wasserratten empfohlen. Cavtat ging aus dem antiken Epidaurum, wo Dubrovnik seinen Anfang nahm, hervor. Im Halbbogen umspannen die Häuser die **Luka-Bucht** zwischen zwei Landzungen. An der **Uferpromenade** reihen sich die Cafés und Restaurants auf, es gibt einen bescheidenen **Rektorenpalast,** eine hübsche **Kirche** auf dem Hügel darüber ein **Mausoleum** (Sommer Mo–Sa 10–17 Uhr, 20 Kn), das der große Ivan Meštrović für die Reederfamilie Račić errichtete. Vor allem aber locken die kinderfreundlichen **Feinkiesstrände** an der **Tiha-Bucht.**

Bleiben Sie über Nacht! Dubrovnik zählt zu den Must-goes jeder Adria-Kreuzfahrt und in den Sommermonaten wälzen sich wahre Massen durch die Tore. Abends haben Sie die magische Kulisse (fast) für sich alleine.

## SCHLEMMEN, SHOPPEN, SCHLAFEN

###  In fremden Betten

#### Basic im Zentrum
**Hostel Angelina Old Town** ❶
Moderne und freundliche Mehrbett-
und Doppelzimmer sind auf mehrere
Altstadthäuser verteilt.
Plovani skalini 17A, T 091 893 90 89, www.
hostelangelinaoldtowndubrovnik.com, DZ um
350 Kn, Bett um 140 kn

#### Renaissance live
**Kazbek** ❷
Auch wenn das Haus aus dem 17. Jh.
stammt, müssen Sie nicht befürchten,
unkomfortabel zu wohnen. Ganz im
Gegenteil! Das Hotel im Badevorort
Lapad ist top-modern.
Lapadska obala 25, T 020 36 29 00, www.
kazbekdubrovnik.com, DZ/ÜF um 1200 KN

#### Komfort am Hafen
**Berkeley** ❸
Modern eingerichtete Zimmer, über-
schaubare Größe, leckeres Frühstücks-
büfett und ein kleines Spa sprechen für
das moderne Haus in Gruž.
Andrije Hebranga 116A, T 020 49 41 60, www.
berkeleyhotel.hr, DZ/ÜF ab 800 Kn

#### Sightseeing und Baden
**Dubrovnik Palace** ❹
In dem eleganten Luxushotel mit
einem 1500 m² großen Spa lässt sich
beides – besichtigen und baden im
Meer verbinden, denn es liegt direkt am
Strand und nur wenige Busminuten von
der Altstadt entfernt.
Masarykov put 290 (4 km nordwestlich der
Altstadt), T 020 43 08 30, www.adriaticluxury
hotels.com, DZ/ÜF ab 2200 Kn

###  Satt & glücklich

#### Nach dem Stadtmauerrundgang
**Café Festival** ❶: ▶ S. 99

#### Lust auf Eis?
**Dolce Vita** ❷: ▶ S. 96

#### 360-Grad-Panorama
**Above 5** ❸
Das Lokal im 5. Stock eines Altstadthau-
ses (Hotel) bietet ausgesuchte Küche
aus regionalen Zutaten und dazu einen
Rundum-Altstadtblick von der Terrasse.
Die Karte ist klein und orientiert sich an
aktuellen Marktangebot.
Boutique Hotel Stari Grad, Od Sigurate 4,
T 020 32 22 44, www.above5rooftop.com, teils
mittags geschlossen, Abendmenü 700 Kn

#### Tapas und Snacks
**Lucin Kantun** ❹
Offene Küche, kleines Lokal, ein paar
Tische in der Gasse. Lucis Ecke ist ideal
für den mittelgroßen Hunger auf Salate
und Tapas. Zum Angebot gehören auch
klassische dalmatinische Hauptgerichte.
Od Sigurate 4A, T 020 32 10 03, auf Facebook,
Hauptgericht um 90 Kn

#### Vegetarisch
**Nishta** ❺
Die frische Gemüseküche schmeckt
nicht nur Vegetariern und Veganern.
Prijeko bb, T 020 32 20 88, www.nishtarestau
rant.com, So geschlossen, Hauptgericht um 80 Kn

#### In der Gasse
**Rozario** ❻
Unter den Prijeko-Restaurants das
›authentischste‹, aufmerksam und fami-
liär geführt. Vor allem das Angebot an
Fisch und Steaks ist hier umfangreich.
Prijeko 1, T 020 32 20 15, http://www.konoba-
rozario.hr, Hauptgericht um 100 Kn

#### Japan trifft Kroatien
**Takemoko** ❼
Sushi, Sashimi etc. von tadelloser Frische
und Qualität, dazu einige Wok-Gerichte
und Desserts zum Verlieben. Zelebriert
wird diese Fusion japanischer und kroatischer Köstlichkeiten auf einer Terrasse
neben dem Ploče-Tor mit Altstadtblick.
Hvarska 2, T 020 69 46 09, www.takemoko.hr,
So geschlossen, Hauptgericht um 180 Kn

#### Orient trifft Kroatien
**Sesame** ❽
Dalmatinische Traditionen, moderne
Rezepturen, ästhetische Präsentation

– das Essen im Sesame überrascht mit ungewohnten Aromen.
Dante Alighieria bb, T 020 41 29 10, www.sesame.hr, Hauptgericht um 160 Kn

........................................................

 **Stöbern & entdecken**

### Rund ums Buch
**Algebra**
Buchhandlung führt Reisebücher und literarische Werke in vielen Sprachen.
Placa 8, T 020 32 22 17

### Made in Croatia
**Life According to KAWA** 🔟
Der Laden oberhalb des Ploče-Tors ist eine Fundgrube mit Produkten aus allen Teilen Kroatiens – Lebensmittel, Mode, Accessoires und originelle Souvenirs.
Hrvaska ul. 2, T 020 69 69 58, www.facebook.com/KAWA.LIFE8/

### Rund ums Öl
**Oleoteka Uje** 🔟
Die besten kroatischen Olivenöle gibt es hier, darunter das in edlen Flaschen abgefüllte Brachia von der Insel Brač.
Placa 9, T 020 32 15 32, www.uje.hr

### Authentische Mitbringsel
**Kokula** 🔟
Der kleine Laden in einer Seitengasse hat sich auf handgearbeitete Souvenirs lokaler Kunsthandwerker spezialisiert.
Đorđićeva 6, T 020 32 48 12

### Meer und Schmuck
**Clara Stones** 🔟
Halbedelsteine und Korallen in fantasievollen Kompositionen – schon alleine das Gucken ist ein Erlebnis!
Nalješkovićeva 3, https://clarastones.com, Mo geschl.

........................................................

✳ **Wenn die Nacht beginnt**

### Romantik pur
**Buža I und II** ✳
Es gibt keinen schöneren Ort für den Aperitif als diese beiden nicht weit voneinander entfernten ›Bars‹: Man sitzt

*Wer nicht auf Brač war und sich dort direkt mit Öl eingedeckt hat, kann das in Dubrovnik problemlos nachholen.*

unterhalb der Stadtmauer auf in den Felsen gehauenen Terrassen und blickt in den Sonnenuntergang.
Iza Mira, T 020 32 40 53, je nach Wetter Frühjahr–Herbst

### Die Bar um die Ecke
**Buzz Bar** ✳
Zivile Preise, gute Cocktails, manchmal Livemusik und tolle Stimmung – nur leider wird drinnen geraucht!
Prijeko 21, auf Facebook

### Clubbing am Strand
**Banje Beach Club** ✳
Dubrovniks angesagter Strandclub mit Musik bis in den frühen Morgen am Banje-Strand östlich des Ploče-Tors.
Frana Supila 10 b, T 020 41 22 20, www.banjebeach.com, Sommer tgl., sonst nur Sa ab 22 Uhr

### Alternativ
**Lazareti** ✳
In den ehemaligen Quarantänestationen östlich des Ploče-Tors tobt sich die alternative Szene mit Theater-Performances, Clubnächten und Festivals aus.
Frana Supila 8, www.lazareti.com, Fr/Sa, Sommer auch Do ab 22 Uhr

## 🏄 Sport & Aktivitäten

Frei zugängliche **Strände** gibt es auf der Insel **Lokrum** ❶ (▸ S. 101) und auf der Halbinsel **Lapad** ❷.

### Beachen
**Beach Club Banje** ❸
Am Strand zwischen Ploče-Tor und Hotel Excelsior: Bar, Toiletten, Schirmverleih, komfortable Liegen und DJ-Sounds haben ihren Preis (www.banjebeach.com, Sommer 10–20 Uhr).

### Seekajak-Touren
**Adventure Dalmatia** ❸
Der Trendsport macht in Dubrovnik besonderen Spaß, denn man kann mit den Kajaks entlang der Altstadt und dann rund um Lokrum paddeln, wo ein Bad im Meer die Tour wunderbar abrundet.
Od Tabakarije 1, Pile-Bucht, www.adventure dalmatia.com, Halbtagestour (7 km, 3 Std.), ca. 230 Kn

## INFOS UND TERMINE

### ❶ Infos
**TZ Dubrovnik:** Brsalje 5, T 020 32 38 87, www.tzdubrovnik.hr, Nov.–März Mo–Sa 8–19, So 9–14, sonst tgl. April/Mai, Okt. 8–20, Juni, Sept., 8–21, Juli/Aug. 8–22 Uhr

### ❶ Termine
**Sveti Vlaho (hl. Blasius):** 3. Febr.: Bei einer festlichen Prozession reisen die Reliquien des Heiligen durch Dubrovnik.
**Dubrovačke ljetne igre:** Anf. Juli–Ende Aug., www.dubrovnik-festival.hr. Zum Dubrovnik Sommer-Festival organisiert die Stadt hochkarätig besetzte Musikveranstaltungen und Theateraufführungen.
**Folklorevorführungen in den Lazareti:** Sommer Di, Fr 21.30 Uhr. Das Ensemble Linđo tritt mit Liedern und Tänzen aus der Region auf.

### ❶ Verkehr
**Flug:** ▸ S. 108
**Fähre:** www.jadrolinija.hr. Mehrmals tgl. ab Hafen Gruž auf die Elafitischen Inseln.

# Elafitische Inseln

📖 J/K 11

**Obwohl der Tourismus auch die Elafitski otoci nordwestlich von Dubrovnik erobert hat, sind sie nach wie vor eines meiner dalmatinischen Lieblingsziele. Trotz der Nähe zu Dubrovnik wirken sie besonders in der Nebensaison verschlafen und abgeschieden, was ihren Reiz ausmacht.**

Der Archipel besteht aus 14 Inselchen, nur drei – Koločep, Lopud und Šipan – sind besiedelt. In der Blütezeit der Republik Ragusa dienten die Eilande reichen Familien als Sommersitze, einige ihrer Palazzi sind bis heute erhalten. Auf allen drei Inseln kann man gut wandern; Lopud und Šipan sind für mich wegen ihrer kulturellen und landschaftlichen Vielfalt die reizvollsten Ziele.

## WAS TUN AUF DEN ELAFITISCHEN INSELN?

### Lopud erkunden
**Klöster, Kirchen und ein Strand – Wandern auf Lopud:** ▸ S. 106

### Šipan erkunden
Die 17 km² große Insel ist die größte und am weitesten von Dubrovnik entfernte. Je näher das Schiff dem Hafen **Suđurađ** kommt, desto deutlicher rückt das festungsartige Anwesen der Familie Skočibuha aus dem 16. Jh. in den Vordergrund – Sommervilla und Verteidigungsbau in einem. Leider ist es nicht zu besichtigen. Entweder Sie suchen sich gleich hier einen **Badeplatz** (am besten am Strand des Hotels Božica) oder aber Sie wandern erst einmal ca. 5 km über eine fruchtbare Hochebene nach **Šipanska Luka.** In der Blütezeit Ragusas versorgte Šipan die Republik mit Wein, Olivenöl, Zitrusfrüchten und Getreide. Oberhalb von Šipanska Luka steht noch die **Ruine des**

*Die Elafiten können auch modern und trendy – auf einen Kaffee in der Bar des Hotels Šipan*

**Rektorenpalastes** (15. Jh.). Ansonsten ist hier nicht viel mehr los als Ruhe, Entspannung, Baden … und natürlich liegt hier das Kultlokal schlechthin, **BOWA.** Um hier zu speisen, empfiehlt es sich, in Šipanska Luka zu übernachten.

### ⌂ Gediegener Luxus
**Božica**
Eigener Strand und Bootsanleger, Pool, komfortable Suiten und ein Restaurant verwöhnen die Gäste fast ebenso wie der Blick über Insel und Meer.
Suđurađ, T 020 32 54 00, www.hotel-bozica.hr, DZ/ÜF um 750 Kn

### ⌂ Moderne in historischem Rahmen
**Šipan**
Die ehemalige Olivenölfabrik ist heute ein sehr geschmackvolles, ruhig gelegenes Hotel mit Blick über Bucht und Inseln.
Šipanska Luka, T 020 36 17 00, www.hotel-sipan.hr, DZ/ÜF um 750 Kn

### 🍴 Fisch mit Aussicht
**BOWA**
20 Minuten Fußweg (oder eine Bootsfahrt) von Šipanska Luka nach Westen zur Pakljena-Bucht und Sie werden belohnt mit karibisch anmutenden *cabañas* am Strand und dazu wirklich fantastisch-frischer Fischküche!

Pakljena 3, Suđurađ, Tel. 091 636 61 11, www.bowa-dubrovnik.com, Sommer tgl. 12–18 Uhr, Hauptgericht um 220 Kn

### 🍴 Mediterranes Flair
**Verbena**
Das elegante Restaurant gehört zum Hotel Šipan und serviert auf einer idyllisch mit Blick auf den Sonnenuntergang gelegenen Terrasse Küche nach traditionellen Rezepten.
Šipanska Luka, Hauptgericht um 150 Kn

### 🌊 In den Sonnenuntergang paddeln
**Adriatic Kayak Tours**
Kombinierte Paddel- und Radtouren im Elafiten-Archipel, so z. B. nach Koločep.
Zrisnkofrankopanska 6, Dubrovnik, T 020 31 27 70, www.adriatickayaktours.com

### ❶ Infos und Verkehr
**TZ Sipan:** Luka bb., Tel. 020 75 80 84, Juni, Sept., Mi–Mo 9–13, 17–19, Juli/Aug. Mi–Mo 9–13, 18–20 Uhr
**TZ Lopud:** Obala I. Kuljevana 12, Tel. 020 32 23 22, Mai, Okt. Sa–Do 9–16, Juni, Sept. Sa–Do 9–13, 17–19, Juli/Aug. Mo, Mi, Fr–So 8–20, Di, Do 8–13, 18–20 Uhr
**Fähre:** www.jadrolinija.hr. Mo–Sa 4 x, So 2 x Dubrovnik–Koločep–Lopud–Suđurađ/Šipan (Personenfähre)

# Klöster, Kirchen und ein Strand – **wandern auf Lopud**

**Im 16. Jh. hatte die 5 km² große Insel 100 eigene Schiffe und 4000 Bewohner – heute sind es ca. 200. Viele der Kirchen und Kapellen verwittern zwischen Macchia und aufgegebenen Feldern. Doch das tut den Reizen Lopuds keinen Abbruch.**

Schon die Anreise wird zum Erlebnis: Die Passagierfähre Postira beliefert von Dubrovniks Hafen Gruž die Elafiten mit allem, was die Menschen brauchen. Wenn das Schiff in die **Bucht von Lopud** eindreht, machen sich die ›Lastenträger‹ mit Golfcarts auf den Weg zur Mole.

## Am Hafenrund

*Vom Dunkel zum Licht – symbolträchtiger kann das Kreuz vor dem Fenster kaum wirken.*

Bevor Sie sich an die Inselerkundung machen, lohnt ein Bummel entlang der Bucht: Das Franziskanerkloster **Sv. Marija od Špilice** 1, Ende des 15. Jh. gegründet, diente zugleich als Hafenfestung – was die Schießscharten am Eingang beweisen. Jahre dauerte die Renovierung durch die Thyssen-Bornemisza-Stiftung. Nun erstrahlen Kirche, Kreuzgang und Garten wieder im eleganten Stil der Renaissance und fungieren als Luxusunterkunft (ein Zimmer kostet 1500 €/Nacht). Jenseits der Ulica Miha Pracata führen Stufen zur **Parkanlage der Villa Đorđić-Mayneri** 2 aus dem 19. Jh. Beschattet von mächtigen Kiefern spaziert man unter Magnolienbäumen und vorbei an Zierbeeten und romantischen Statuen.

## Zum Sandstrand

Vom 1482 gegründeten Dominikanerkloster steht nur noch die imposante Kirche **Sv. Nikola** 3. In die Gasse Od Šunja einbiegend führt der Weg bergan, bis nach rund fünf Minuten die Kapelle **Sv. Leonard** 4, ein einfacher Steinbau, erreicht ist. Geradeaus und bergab weiter, gelangen Sie durch aromatisch duftenden Kiefernwald an die **Bucht Šunj** 1, wo Sie ein richtiger Sandstrand erwartet – der ideale Ort für ein Bad und eine längere Rast!

## Kirchenschatz im Nirgendwo

Zurück an der Kapelle wenden Sie sich nach Nordosten und folgen dem Weg weiter bergauf, bis Sie nach zehn Minuten die Kirche **Gospa od Šunja** **5** (12. Jh.) erreichen. Ihre hölzerne Kassettendecke, die kunstvoll geschnitzten Apostelfiguren auf dem Hauptaltar und die Bilder über den sechs Seitenaltären sind überaus kostbar.

Auf dem an der Kirche vorbeiführenden Pfad wandern Sie nun nach Nordwesten und gelangen nach fünf Minuten an die Abzweigung zur Festung und zu **Sv. Nikola grčki** **6**, die sich nach kurzem Anstieg als einschiffige, schindelgedeckte Kapelle entpuppt. Weiter nach Westen gehend endet der Weg an der Festungsruine **Kastill** **7** (Kaštio). Der Blick reicht über die Bucht von Lopud zur Nachbarinsel Šipan bis nach Mljet – ein toller Ausguck.

*Je nach Jahreszeit in farbenfrohem Gelb – Ginsterblüte auf Lopud*

## Kunst und Fähre warten (nicht)

Vergessen Sie nicht, rechtzeitig in den Ort abzusteigen! – knapp 45 Min. sind dafür einzuplanen. Zeit sollte auch sein für eine Pause an der ungewöhnlichen Kunstinstallation **»Your Black Horizon«** **8** von Olafur Eliasson. 2005 als Pavillon für die Biennale von Venedig konzipiert, schmückt er seit 2007 die elafitische Insel.

---

INFOS/ÖFFNUNGSZEITEN

**Wanderung:** reine Gehzeit ca. 2 Std., Wasser und Proviant mitnehmen
**Kirchen:** unregelmäßig geöffnet
**Franziskanerkloster Sv. Marija od Špilice** **1** / **Your Black Horizon** **8**: www.lopud1483.com, Mai–Sept. tgl. 10–19 Uhr, Sammelticket 100 Kn
**Đorđić-Mayneri** **2**: Obala Iva Kuljevana 31/32, immer zugänglich

---

KULINARISCHES FÜR ZWISCHENDRIN

In der Saison sind am **Šunj-Strand** **1** Bar und Restaurant geöffnet. In **Lopud-Ort** lädt das **Obala** **1** (Obala Iva Kuljevana 18, Tel. 098 51 27 25, www.

obalalopud.com, Hauptgericht um 140 Kn) mit Tischen direkt am Wasser zur kulinarischen Pause ein.

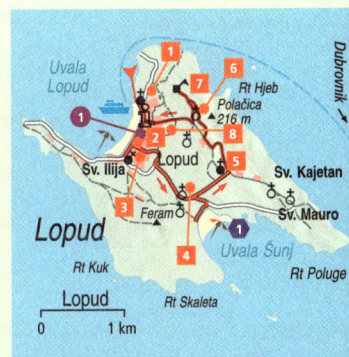

---

# Hin & weg

### … mit dem Flugzeug

**Internationale Flughäfen** befinden sich bei Zadar, Split, Dubrovnik und auf Brač. Verschiedene Billigfluggesellschaften wie Eurowings (www.eurowings.com) oder TUIfly (www.tuifly.com) fliegen Zadar, Split und Dubrovnik an. **Linienflüge** führen über Zagreb, wo Anschlussflüge der Croatia Airlines zur Küste starten (nach Bol/Brač, Zadar und Dubrovnik). Auskunft erteilt: **Croatia Airlines,** Frankfurt Airport Center 1, Frankfurt am Main, T 069 920 05 20, www.croatiaairlines.com.

**Flughafen Bol/Brač:** Zračna luka Brač, 21400 Supetar, T 021 55 97 01, www.airport-brac.hr. An- und Abfahrt nur Taxi.

**Flughafen Dubrovnik:** Zračna luka Dubrovnik, Dobrota 24, Močići, Čilipi, Tel. 020 77 31 00, www.airport-dubrovnik.hr. Flughafenbus des Unternehmens Atlas alle 30 Min. zum Pile-Tor, Transferdauer ca. 30 Min.

**Flughafen Split:** Cesta Dr. Franje Tuđmana 1270, Kaštel Štafilić (20 km Richtung Trogir), Flugauskunft T 021 20 35 89, www.split-airport.hr. Ab/zum Flughafen Split fahren Busse (www.plesoprijevoz.hr, Fahrtzeit ca. 30 Min, 30 Kn) an die Riva/ab Riva in Split.

**Flughafen Zadar:** Zračna luka Zadar, Zemunik Donji, Tel. 023 20 59 17, www.zadar-airport.hr. Flughafenbus in die Stadt, Fahrplan s. Website des Flughafens.

### … mit der Bahn

Die Bahnverbindungen nach Mitteldalmatien (Split) führen über Zagreb; die Fahrt kann mit Umsteigen 18–24 Std. dauern. Von der Schweiz aus empfiehlt sich die Anreise über Triest und das slowenische Koper nach Kroatien. Auskunft geben die Bahnen unter www.bahn.de (Deutschland), www.sbb.ch (Schweiz) und www.oebb.at (Österreich).

### … mit dem Bus

Busse von Eurolines und Flixbus (www.eurolines.de, www.flixbus.de) fahren von vielen deutschen Städten nach Kroatien. Fahrpläne 2021 bitte direkt anfragen, sie sind abhängig von den Corona-Bestimmungen in den jeweiligen Ländern.

### … mit Auto oder Motorrad

Die schnellste und bequemste Verbindung führt über Salzburg, die Tauern-Autobahn nach Villach und weiter über Ljubljana und Zagreb nach Zadar bzw. Split und ist nahezu durchgängig als Autobahn ausgebaut.

### … mit der Fähre

**Autofähren der Jadrolinija** (www.jadrolinija.hr) fahren mehrmals pro Woche von Ancona nach Zadar (Juni–Sept.) und Split (ganzjährig) bzw. von Bari nach Dubrovnik (April–Okt.). Die Überfahrt dauert 12 Std., Informationen über Abfahrtszeiten und Preise finden sich auf der Website. Eine **Autofähre der SNAV** (www.snav.it) verbindet zwischen Mai und Sept. Split mit dem italienischen Ancona. Die Fahrtzeit beträgt etwa 10 Std.

### Einreise- und Zollbestimmungen

**EU- und Schweizer Bürger** benötigen für den Aufenthalt bis zu drei Monaten einen gültigen Reisepass oder Personalausweis, auch **Kinder** müssen ein eigenes Reisedokument vorlegen. Autofahrer brauchen den nationalen Führerschein; die Mitnahme der grünen Versicherungskarte wird empfohlen. Wer seinen **Hund** mitnehmen möchte, muss eine Tollwutimpfung nachweisen, die höchstens sechs Monate, mindestens aber 15 Tage zurückliegt. Das Tier benötigt einen EU-Heimtierausweis und muss mit einem Mikrochip gekennzeichnet sein. In Kroatien gilt Leinenpflicht. Die **Einfuhr von Gegenständen** für den persönlichen Gebrauch ist unbegrenzt möglich; für einige Artikel gelten Höchstmengen: 800 Zigaretten,

10 l Spirituosen. Fremd- und kroatische Währung darf unbeschränkt ein- und ausgeführt werden. Wer mehr als den Gegenwert von 10 000 € mit sich führt, sollte dies beim Zoll anmelden.

## GELD

Währung ist die Kroatische Kuna (Kn): 1 € = ca. 7,55 Kn, 1 CHF = 7 Kn; 100 Kn = 13,20 € = 14,22 CHF (Stand Jan. 2021)

## INFORMATIONSQUELLEN

### … in Deutschland und Österreich
**Kroatische Zentrale für Tourismus (HTZ):** Stephanstr. 13, 60313 Frankfurt am Main, T 069 23 85 35-0, http://de.croatia.hr, Mo–Do 9–18, Fr 9–17 Uhr; Hesseloherstr. 9, 80802 München, T 089 22 33 44
**Kroatische Zentrale für Tourismus (HTZ):** Liechtensteinstraße 22a, 1/1/7, 1090 Wien, T 01/585 38 84, https://croatia.hr/de-DE, Mo–Do 9–18, Fr 9–17 Uhr. Das Wiener Büro ist auch für die Schweiz zuständig.

### … in Dalmatien
Achtung, Verwirrspiel! *Turist biro* heißen in Kroatien die Niederlassungen kommerzieller Unternehmen, die Unterkünfte vermitteln, Ausflüge organisieren etc. Die staatlichen bzw. regionalen Tourismusbüros heißen *turistička zajednica,* kurz **TZ.** Sie sind im Reiseteil bei den jeweiligen Orten aufgeführt.

### … im Internet
**Länderkennung Kroatien:** hr
**http://croatia.hr:** offizielle Website der Fremdenverkehrszentrale; Ortsindex mit allgemeinen, historischen und kulturellen Infos, Angaben zu Hotels und Ferienwohnungen (mit Links), Events, Sportmöglichkeiten usw.
**www.kroatien-links.de:** übersichtliche und ausführliche Sammlung nützlicher Links zu reisepraktischen, kulturellen und historischen Themen

Die meisten kroatischen Websites sind mehrsprachig. Die im Kroatischen häufigen diakritischen Zeichen č, ć, đ, š oder ž müssen beim Suchbegriff nicht mit eingegeben werden; man schreibt Ortsnamen einfach mit c, dj, s oder z. Häufig kommt es vor, dass Sicherheitseinstellungen des Browsers das Öffnen kroatischer Seiten blockieren.

**www.kroatien-idriva.de:** Auf dieser Seite finden Sie Ferienwohnungen und -häuser, Leuchttürme sowie diverse Angebote für Kreuzfahrten auf historischen (nachgebauten) Seglern, teils kombiniert mit Fahrradexkursionen.
**www.kroati.de:** ausführliche deutschsprachige Landes- und Ortsinformationen, Buchungswebsite für Unterkunft in Hotels und Ferienwohnungen
**www.kingslandingdubrovnik.com:** Touren zu Drehorten von »Game of Thrones«
**www.ronjenjehrvatska.com:** Website des kroatischen Tauchverbandes mit Infos zu den Bestimmungen und Links zu Tauchschulen. Auch auf Deutsch und Englisch

## KLIMA UND REISEZEIT

Sommerliche Temperaturen herrschen von **Mai bis Oktober;** im **Juli/August** wird es aber richtig heiß, Besichtigungen oder Wanderungen können dann anstrengend sein. Die kroatische Adria lockt bereits Ende Mai mit Wassertemperaturen um 20 °C, im Hochsommer erreicht sie nicht selten Werte um 25 °C. **Frühjahr und Herbst** können regnerisch sein, mit Werten um 20 °C sind sie aber ideal für Wanderer und Radfahrer. Besondere Wetterbedingungen herrschen, wenn die **Bora** weht. Der vom Festland über die Küstengebirge aufs Meer stürmende Fallwind bringt glasklare Luft und kühlere Temperaturen; im Herbst und Winter kann es dann klirrend kalt werden. Gefährlich ist die Bora für jede Art von Wassersport, denn sie treibt Boote, Surfbretter und natürlich auch Schwimmer vom Festland weg auf offene See. Warnungen der Wasserwacht sollten Sie deshalb unbedingt Folge leisten.

## REISEN MIT HANDICAP

Die renovierten Hotels sind alle behindertengerecht ausgestattet; im Unterkunftsverzeichnis des Kroatischen Fremdenverkehrsamtes (auf http://croatia.hr) wird auf behindertengerechte Einrichtungen hingewiesen. Bei vielen öffentlichen Verkehrsmitteln müssen Behinderte allerdings Hilfe in Anspruch nehmen. Als Badeziel eignet sich Dalmatien wegen der felsigen Strände und des manchmal schwierigen Zugangs nur bedingt für Behinderte.

## SICHERHEIT UND NOTFÄLLE

Dalmatien ist eine sichere Reiseregion; allerdings sollte man auch hier die üblichen Vorsichtsmaßnahmen beachten: keine Wertgegenstände im Auto lassen, Schmuck und Geld in den Hotelsafe packen, im Gedränge auf Hand- und Brieftaschen achten. In großen Hafen-

städten wie Split ist das Diebstahlrisiko naturgemäß höher als in kleinen Fischerörtchen.

**Alleinreisende Frauen** sollten in größeren Städten nachts besser ein Taxi für den Heimweg wählen.

In einigen wenigen Regionen wie der Krajina im Hinterland von Zadar und auch auf einigen Inseln besteht immer noch die Gefahr unentdeckter **Landminen.** Wanderungen unternimmt man deshalb besser nur auf viel benutzten und deutlich markierten Wegen.

**Notrufnummern**
**Zentraler Notruf:** 112 (auch deutsch)
**Polizei:** 192
**Feuerwehr:** 193
**Ambulanz/Erste Hilfe:** 192
**Pannenhilfe:** 987
**Kartensperrung:** +49 116 116

## SPORT & AKTIVITÄTEN

### Baden und Strände
Die Küste des **Festlands** ist fast durchgehend felsig und außerhalb der Ortschaften nur gelegentlich von kleinen Kiesbuchten unterbrochen. Auf den **Inseln** sieht dies gänzlich anders aus. Hier kann man mit dem Boot durchaus kleine Feinkies- und Sandstrände entdecken und ist dort, zumindest in der Nebensaison, allein. Dass Sand Mangelware ist, hat einen angenehmen Nebeneffekt: Das Wasser ist stets glasklar und sauber.

### Klettern
Besonders der **Paklenica-Nationalpark** (🗺 D 5) ist unter Freeclimbern für seine anspruchsvollen, hohen Felswände berühmt. Hier werden auch internationale Wettbewerbe ausgetragen. Auf **Pag** (🗺 B–C 4–5) ist eine Felswand unweit des Hauptortes zur Kletterzone erklärt worden, das **Biokovo-Gebirge** besitzt in der Nähe der Stadt **Omiš** (🗺 G 8) mehrere Freeclimber-Passagen. Immer größerer Beliebtheit erfreut sich Deep Water Soloing, das freie Klettern vom Wasser aus. So sind z. B. auf der

---

### SHOPPEN MIT SIESTA

**Öffnungszeiten von Läden**
In Dalmatien halten die meisten Geschäfte eine längere Mittagspause ein. Üblicherweise sind Läden Mo–Sa 8/9–13 und 16/17–20 Uhr geöffnet, Supermärkte und Kaufhäuser durchgehend. In touristischen Gebieten öffnen einige Lebensmittelgeschäfte und Souvenirshops in der Saison auch am Sonntag.

*Wer es bis hierher geschafft hat, muss gut klettern können … In Dalmatien gibt es eine ganze Reihe anspruchsvoller Felswände, die gute Freeclimber magisch anziehen.*

Insel Ciovo vor Split über 120 Routen ausgewiesen.

Ausführliche Infos zum Klettern und zu Klettergebieten finden sich auf http://dalmatiaclimbing.com.

## Mountainbiking

MTB-Fahren ist wie das Wandern bei den jungen Kroaten sehr beliebt, und in den Touristenzentren kann man meist nicht nur ›normale‹ Drahtesel, sondern auch recht gute Mountainbikes und Trekkingräder leihen. Das Radwegenetz befindet sich im Aufbau; die wenig befahrenen Feldwege und Regionalstraßen auf den Inseln eignen sich aber vorzüglich zum Radeln. Gute Kondition ist Vorbedingung, denn es geht teils recht heftig bergauf. Vom Radeln auf der Adriamagistrale sollte man wegen des gefährlichen Verkehrs allerdings absehen. Als Fahrradkarten eignen sich die im Maßstab 1:100 000 publizierten Karten Dalmatinische Küste aus dem Kompass-Verlag.

## Sea Kayaking und SUP

Beides lohnt sich, ist wunderschön im **Kornaten-Archipel** oder bei den **Elafitischen Inseln,** aber auch in **Dubrovnik,** wo man per Boot entlang der Altstadt zur Insel Lokrum paddeln kann. Für Ausflüge können Sie in vielen Badeorten Kajaks und SUP-Bretter leihen.

## Segeln und Bootsausflüge

Passionierten **Seglern** gilt die kroatische Adria als schönstes Revier Südeuropas. Eine ausgezeichnete Infrastruktur mit modernen Marinas paart sich mit paradiesisch unberührter Natur (**Infos:** beim kroatischen Verband ACI, Rudolfa Strohala 2, 51000 Rijeka, T 051 27 12 88, https://aci-marinas.com, Broschüre mit Lage und Ausstattung der Marinas; auch auf http://croatia.hr findet sich eine Auflistung der Marinas, teils mit weiterführenden Links).

Viele Badebuchten sind nur vom Meer her zugänglich und man kann dort außerhalb der Hauptsaison (im Juli/Aug. stauen sich die Jachten vor den Inseln) allein mit sich, dem Schiff und dem Meer den Tag vertrödeln. Wer kein eigenes Boot besitzt, mietet eines, und wer lieber mit Gleichgesinnten unterwegs ist, findet eine breite Palette von **Ausflugsfahrten,** die einige Stunden bis mehrere Tage dauern.

## Tauchen

Die felsige Adriaküste ist ein hervorragendes und für Europa einzigartiges Tauchrevier. Neben der reichen **Unterwasserflora und -fauna** können erfahrene Taucher auch die **Wracks** zahlreicher gesunkener Schiffe durchstöbern. Aber auch wer ›nur‹ schnor-

---

## DER UMWELT ZULIEBE – NACHHALTIG REISEN

**Wasser** ist rar, man sollte tunlichst sparsam damit umgehen und beim Duschen oder Wäschewaschen stets darauf achten, es nicht zu verschwenden. Ebenso wichtig ist es, das Meerwasser nicht durch Abfälle zu verschmutzen. **Feuer** bedroht das ohnehin magere Pflanzenkleid: Nicht ausgetretene Zigaretten oder achtlos weggeworfenes Glas, das die Sonne in eine Brennlinse verwandeln kann, sind tabu.

Einen Beitrag zum **Artenschutz** können Sie beim Essen leisten: Keinesfalls die oft unter der Hand angebotenen, unter Naturschutz stehenden Steinbohrermuscheln *(datteri)* bestellen! Und auch auf Thunfisch, der in der Adria kaum noch vorkommt und nun auch in anderen Meeren vom Aussterben bedroht ist, sollte man verzichten.

---

chelt, wird im klaren Wasser interessante Entdeckungen machen können. Wer mit einer in Kroatien ansässigen Tauchschule auf Tauchgang geht, benötigt kein **Tauchpermit.** Eine Genehmigung für individuelle Tauchgänge kostet um 300 €. **Tauchschulen** nach internationalem Standard, die in Kursen zum CMAS oder PADI-Tauchschein führen, gibt es so gut wie in jedem Ort, dort kann man auch die Ausrüstung leihen. Im Internet findet man **Infos** unter www.ronjenjehrvatska.com.

**Wind- und Kitesurfen**
Zwischen den Inseln herrschen ideale Windbedingungen; in vielen Orten gibt es professionelle Surfstationen. Surfschulen und Ausrüstungsverleihe arbeiten nach modernsten Standards und haben alle großen Marken im Programm. Als beste Spots gelten die Landspitze von **Bol auf der Insel Brač** (🗺 F 9) und der **Kanal zwischen Korčula und Pelješac** (🗺 G–H 10). Erfahrene Windsurfer wagen sich weiter hinaus, wo die Bora sie über die Wellen jagt (Sie sollten sich aber keinesfalls überschätzen!).

......................................
## ÜBERNACHTEN
......................................

Dalmatien ist nicht mehr das Billigreiseziel aus jugoslawischer Zeit. Das Preisniveau ist generell gestiegen und erreicht bei den neu ausgebauten oder renovierten Hotelanlagen und Campingplätzen beinahe das Niveau seiner Konkurrenten um die Gunst der Urlauber: Griechenland, Italien und Spanien. Alle Arten von Unterkunftsmöglichkeiten, angefangen bei komfortabel ausgestatteten **Campingplätzen** mit Rundum-Betreuung für die Kinder über witzige **Hostels,** schön gelegene **Apartmentanlagen** mit Pool und Strand, **Strandhotels** mit breitem Unterhaltungs- und Sportangebot bis hin zu **Fünf-Sterne-Palästen** mit Wellnesstempel und Gourmetrestaurant sind im Angebot.

Armeen von Hausbesitzern vermieten **Privatzimmer und Ferienwohnungen** – auch hier ist man gut und aufmerksam betreut, vor allem, wenn **Buchungsportale** wie airbnb.de, atraveo.de, booking.com etc. einen gewissen Qualitätsstandard garantieren und kontrollieren. Buchen Sie über diese Plattformen, werden meist auch Reklamationen kulanter abgewickelt. Und im Streitfall wird nach deutschem Recht, ein nicht zu unterschätzender Vorteil.

Soll es unbedingt ein **Hotel** sein und wollen Sie länger bleiben, lege ich Ihnen eine **Pauschalbuchung** über einen deutschen Veranstalter ans Herz. Sie fahren so fast immer günstiger als mit den vor Ort verlangten individuellen Preisen.

**Vorausbuchung erforderlich?**
**Außer in der Hauptsaison** (Juli/Aug.) bzw. in Städten sind überall Unter-

künfte auch kurzfristig verfügbar, eine Vorausbuchung ist meist nicht nötig. Im **Juli und August** aber steht Dalmatien Kopf – nicht nur weil Kroaten und die angrenzenden ehemaligen Brudervölker Schulferien haben und ans Meer drängen, nein, vor allem wegen der Italiener, die hier finden, was an den eigenen Küsten Seltenheitswert hat: glasklares Wasser sowie ein gutes Preis-Leistungs-Verhältnis in Hotellerie und Restaurants. Mindestens bis Ferragosto (15. Aug.) sollte man Dalmatien wegen ›Überbevölkerung‹ und hoher Preise (Aufschläge von bis zu 30 % sind keine Seltenheit) besser meiden.

## VERKEHRSMITTEL

Linienflugverbindungen gibt es von den Küstenstädten in die Hauptstadt Zagreb; die Bahnlinie endet in Split. Busse und Fähren sind in Dalmatien die Verkehrsmittel der Wahl.

### Bus
Ein gut ausgebautes, bequemes Busnetz, in dem eine Vielzahl von Unternehmen um Passagiere konkurrieren, verbindet die größeren Orte miteinander und führt auch auf die Inseln. Mit etwa 75 Kn/100 km sind die Preise relativ günstig, allerdings empfiehlt es sich, rechtzeitig Plätze zu reservieren. Eine Listung aller Busbahnhöfe mit Links und Fahrplänen ist auf www.autobusni-kolodvor.com zu finden. Auskunft und Buchung über das Portal www.buscroatia.com.

### Fähre
**Jadrolinija** (T 003 85 51 66 61 11, www.jadrolinija.hr) bedient die Verbindungen vom Festland zu den Inseln mit Auto-, Personenfähren und Katamaranen. Größere Eilande werden in der Hochsaison fast stündlich angefahren, es kommt aber trotzdem immer wieder zu längeren Wartezeiten, wenn man mit einem Auto übersetzen möchte. Mittlerweile konkurrieren auch andere Linien mit dem ehemals

staatlichen Monopolisten. Deshalb lohnt es sich, potentielle Verbindungen auf Portalen wie www.croatiaferries. com zu überprüfen. Da sich Verbindungen von Jahr zu Jahr ändern, überprüfen Sie bitte die in diesem Buch und auf den Karten gemachten Angaben vor der Reise auf der Website.

### Taxi
Taxis sind außerhalb der Großstädte und Touristenzentren eher rar; das Hotel, Restaurant oder der Vermieter bestellt ihnen gerne zur gewünschten Zeit einen Wagen. Die Fahrzeuge sind stets mit einem Taxameter ausgestattet und relativ preiswert. 10 km kosten ca. 90 Kn. Auch der US-Anbieter Uber ist in Kroatien vertreten (www.uber.com).

### Auto und Motorrad
Die Hauptstraßen sind gut ausgebaut, und Kroatien tut viel, um auch Nebenstraßen auszubessern und zu verbreitern. An der Autobahn von Zagreb über Split nach Dubrovnik wird gearbeitet. Die **Maut** beträgt für die Strecke Zagreb–Split rund 180 Kn (http://hac.hr).
**Achtung:** Auto- und Motorradfahrer, die an den kurvigen Straßen ihre besondere Freude haben, seien vor der Küstenmagistrale gewarnt: Wenn die Bora weht, können die Windstöße jedes Fahrzeug aus der Bahn werfen.
**Geschwindigkeitslimits:** Ortschaften 50 km/h, Landstraßen 80 km/h, Schnellstraßen 100 km/h, Autobahn 130 km/h.
**Unfälle:** Ziehen Sie auch bei einem Bagatellschaden unbedingt die Polizei hinzu und bestehen Sie darauf, dass ein rechtsgültiges Protokoll angefertigt wird.
**Leihwagen:** Alle internationalen Verleihfirmen und viele nationale Unternehmen sind in den Ferienorten vertreten. Motorroller werden fast überall auf den Inseln angeboten. Es ist sinnvoll, den Mietwagen vor Reiseantritt zu reservieren. Einen Preisvergleich bietet www. billiger-mietwagen.de.
**Tanken:** Benzin und Diesel sind rund 10 % billiger als in Deutschland.

# O-Ton Dalmatien

**BOG**

Gott
*hallo, servus, tschüss*

*Dobar kao kruh*

**IMATI PUN KUFER**

Gut wie Brot
*Jemand ist ein sehr guter Mensch*

**prva liga**

einen Koffer voll haben
*die Nase voll haben*

Erste Liga
*supergeil*

**BUNDESLIGA**

**ČIST RAČUN,
DUGA LJUBAV**

Bundesliga
*Bei Fußballern beliebter Haarschnitt, ›Vokuhila‹*

**KAKO JE**

reine Rechnung, lange Liebe
*Schulden schaden einer Freundschaft*

Wie ist es?
*Wie geht's? – Frage
nach dem Befinden*

*Tko ga šiša*

**kurac**

Wer schneidet ihn?
*Im Sinne von: Wer schneidet ihm die Haare =
Was hat der schon zu sagen*

Schwanz (Penis)
*Mist, Scheiße, verdammt …*

**lajkam**

›liken‹
*›Facebook-Sprache‹, ›liken‹
auf Kroatisch*

*Nema te ni za lijek*

Dich gibt es nicht nicht mal für ein Medikament
*Ich habe dich so lange nicht gesehen!*

# Register

### Das Klima im Blick

Reisen bereichert und verbindet Menschen und Kulturen. Wer reist, erzeugt auch $CO_2$. Der Flugverkehr trägt mit bis zu 10 % zur globalen Erwärmung bei. Wer das Klima schützen will, sollte sich – wenn möglich – für eine schonendere Reiseform entscheiden oder die Projekte von atmosfair unterstützen. Flugpassagiere spenden einen kilometerabhängigen Beitrag für die von ihnen verursachten Emissionen und finanzieren damit Projekte in Entwicklungsländern, die dort den Ausstoß von Klimagasen verringern helfen (www. atmosfair.de). Auch die Mitarbeiter des DuMont Reiseverlags fliegen mit atmosfair!

## Abbildungsnachweis

AWL-Images, Whitchurch (GB): S. 31 (ClickAlps); 30 (Doug Pearson); 17 (Martin Siepmann)

Dina Jakšić und Ida Stipčić Jakšić, Donji Humac, Brač (HR): S. 120/7

Fotolia, New York (USA): S. 18 (dennisvdwater)

Huber-Images, Garmisch-Partenkirchen: S. 37 (Carlo Irek); 39 (G. Simeone); 44 (Justin Foulkes); 35 (Pete Goding); 40 (Stipe Surac); 49 (Susanne Kremer); Titelbild, Faltplan (Tuul & Bruno Morandi)

laif, Köln: S. 120/8 (ARCHIVIO GBB Contrasto); 4 u., 11, 24, Umschlagklappe vorn, 70 (Christian Kerber); 63 (Clemens Zahn); 93, 103 (Dorothea Schmid); 19 (Frank Heuer)

Lookphotos, München: S. 106 (Design Pics); 105 (Hauke Dressler); 95 (Sabine Lubenow)

MATO, Hamburg: S. 45, 86 (4Corners/Justin Foulkes); 53, 61 (4Corners/Pete Goding); 74, 75 (4Corners/Sladja Kisic); 66, 77, 78, 111 (4Corners/Stipe Surac); 50/51 (Aldo Pavan); 23, 54 (Alessandro Saffo); 7, 8/9, 14/15, 32 (Franco Cogoli); 65 (Giorgio Filippini); 4 o. (Johanna Huber); 81 (Lucie Debelkova); 85 (Massimo Pignatelli); 60, 68 (Paolo Giocoso); 57, 99 (Susanne Kremer)

Mauritius Images, Mittenwald: S. 82/83 (Alamy/ travelstock44); 120/1 (Alamy/dpa picture alliance archive); 107 (Alamy/funkyfood London - Paul Williams); 25 (Alamy/JadroFoto); 120/4 (Alamy/Moviestore collection Ltd); Umschlagklappe hinten (Alamy/Universal Images Group North Amercia LLC/DeAgostini); 120/2 (Alamy/Ville Palonen); 120/9 (United Archives)

Natalija Klarica, Šibenik (HR): S. 120/6

Restaurant Pelegrini, Šibenik (HR): S. 46

Shutterstock.com, Amsterdam (NL): S. 89 (Ajan Alen); 120/5 (Eric Krouse)

Tena Paić, Scardona, Zagreb (HR): S. 120/3

Wikimedia Commons: S. 34 (CC BY-SA 3.0/Andrej Šalov)

Zeichnung: S. 5 (Antonia Selzer, Lörrach); S. 3 (Gerald Konopik, Fürstenfeldbruck)

## Kartografie

DuMont Reisekartografie, Fürstenfeldbruck, © DuMont Reiseverlag, Ostfildern

## Umschlagfotos

Titelbild: Auch Dalmatien hat sein Goldenes Horn – Strand bei Bol auf der Insel Brač
Umschlagklappe hinten: Nicht nur auf Brač dienen ab und an noch Esel als Reittier.

**Hinweis:** Autorin und Verlag haben alle Informationen mit größtmöglicher Sorgfalt geprüft. Gleichwohl erfolgen alle Angaben ohne Gewähr. Infolge der Corona-Pandemie kann es darüber hinaus zu kurzfristigen Geschäftsschließungen und anderen Änderungen vor Ort gekommen sein. Bitte schreiben Sie uns! Über Ihre Rückmeldung zum Buch und Verbesserungsvorschläge freuen sich Autor und Verlag:

**DuMont Reiseverlag,** Postfach 3151, 73751 Ostfildern,
info@dumontreise.de, www.dumontreise.de

2., aktualisierte Auflage 2021
© DuMont Reiseverlag, Ostfildern
Alle Rechte vorbehalten
Autorin: Daniela Schetar
Redaktion/Lektorat: Britta Rath, Sebastian Schaffmeister
Bildredaktion: Susanne Troll
Grafisches Konzept: Eggers+Diaper, Potsdam
Printed in Poland

FSC
www.fsc.org
MIX
Papier aus verantwortungsvollen Quellen
FSC® C018236

# Kennen Sie die?

### Seve Nacionale
oder Severina, Kroatiens beliebtester Popstar, kam 1972 in Split zur Welt.

### Diokletian
Der römische Kaiser (geb. zwischen 236 und 245 in Dalmatien) leitete eine neue Ära ein, die Spätantike. Als Ruhesitz errichtete er einen Palast in Split, der heute die Altstadt der größten Stadt Dalmatiens ausmacht.

### Tomislav Bralić
Der 1968 geborene Sänger, die goldene Stimme des *klapa*-Gesangs, ist Chef der A-capella-Gruppe Klapa Intrade.

### Goran Višnjić
Dr. Luka Kovac aus »Emergency Room« stammt aus Šibenik (geb. 1972).

### Dalmatiner
Der familienfreundliche, verschmuste Hund tritt gelegentlich in großen Familienverbänden auf: »101 Dalmatiner«.

### Natalija Klarica
Die Künstlerin und Galeristin liebt es, Kunst und Kunsthandwerk aus Kroatien in ihrer Šibeniker Galerie Dana zu präsentieren, die im Stil der 1960er-Jahre eingerichtet ist.

### Ida Stipčić Jakšić
Die Schmuckdesignerin, 1959 in Split geboren, arbeitet am liebsten mit Bračer Marmor.

### Nikola Tesla
Der Elektroingenieur und Erfinder, 1856 in Smiljan geboren und 1943 in New York gestorben, leiht einem E-Mobil seinen Namen.

### Winnetou
Von wegen Franzose, waschechter Dalmatiner! Zumindest sehen das die Kroaten so. Sie haben den "Winnetou"-Titelheld, respektive Pierre Brice, quasi eingemeindet.